轻松看年报
精心选股票

马士振 编著

电子工业出版社·
Publishing House of Electronics Industry
北京·BEIJING

内 容 简 介

为了帮助广大 A 股股民尽早摆脱沉迷于概念炒作、追求短线频繁交易的投资误区，普及价值投资的理念与方法，提高股民的理性与资本市场的稳定性，本书全面阐述了怎样利用上市公司年报这一最重要工具来分析公司的盈利、发展和营运能力，揭示公司重大风险，筛选出成长性好、业绩优良、发展前景广阔、能给投资者带来丰厚回报的优质公司，介入并长期持有，充分分享公司发展红利，做真正的价值投资者。

本书实用性强，既有相关原理与规则的介绍，又有大量的实战案例与个股推荐；既可作为股票投资的入门书，又可作为经验丰富的投资者的参考手册。

本书适合热爱股票投资、认可并践行价值投资理念，并且拥有一定的会计与财务基础知识的人员阅读。

图书在版编目（CIP）数据

轻松看年报 精心选股票 / 马士振编著. —北京：电子工业出版社，2017.9
ISBN 978-7-121-32255-6

Ⅰ. ①轻… Ⅱ. ①马… Ⅲ. ①股票投资－基本知识 Ⅳ. ①F830.91

中国版本图书馆 CIP 数据核字（2017）第 171242 号

策划编辑：高洪霞
责任编辑：葛　娜
印　　刷：北京捷迅佳彩印刷有限公司
装　　订：北京捷迅佳彩印刷有限公司
出版发行：电子工业出版社
　　　　　北京市海淀区万寿路 173 信箱　邮编 100036
开　　本：720×1000　1/16　印张：12.25　字数：196 千字
版　　次：2017 年 9 月第 1 版
印　　次：2024 年 4 月第 13 次印刷
定　　价：49.80 元

凡所购买电子工业出版社图书有缺损问题，请向购买书店调换。若书店售缺，请与本社发行部联系，联系及邮购电话：（010）88254888，88258888。

质量投诉请发邮件至 zlts@phei.com.cn，盗版侵权举报请发邮件至 dbqq@phei.com.cn。

本书咨询联系方式：（010）51260888-819，faq@phei.com.cn。

前　　言

A 股市场暴涨暴跌、A 股股民非理性炒作的现状已持续数年，"七亏二平一赚"也是赤裸裸的现实，在坚持价值投资上面喊口号的多，真正实践的少，甚至价值投资理念在中国是否适用居然还吵得不可开交。本书写于价值投资标杆股票——贵州茅台突破 400 元大关并不断创出历史新高之际，印证了股票是一种投资工具而绝非炒作题材。说"炒股"的、天天追涨杀跌、高抛低吸、频繁交易的，99%是赚不到钱的，而选定好股票，坚定持有，与公司共同发展、成长、壮大的，反而获取了不菲的收益。因而问题的关键就是——如何选到好股票，上市公司年报就成了选择好股票的最重要依据。可悲的是，A 股当中踏实下来深入研究上市公司年报的投资者少之又少，利用年报构建科学的投资评判体系和指标并严格执行的投资者更是寥寥无几。

本书试图纠正 A 股市场当中的炒作之风，宣扬和普及价值投资理念，并利用年报这一工具，将价值投资从理论贯彻到实践中。书中介绍了年报的主要内容，阐述了如何利用年报判断公司赚不赚钱、判断公司发展前景、判断公司资本管理能力、揭示公司重大风险，并补充介绍了与年报相关的其他报告，构成完整的投资决策信息体系。

因受作者水平和成书时间所限，本书难免存有疏漏和不当之处，敬请指正。

本书特色

1. 内容全面、逻辑合理、详略得当，符合阅读者认知规律

本书内容涵盖了所需要了解和判断的上市公司的各个方面，包括盈利能力、发展能力、资产营运能力、资本管理能力，从点到面，从树木到森林，力图充分挖掘年报的价值，逻辑性强，详略得当，对投资者最关注的盈利能力、

发展能力进行了大篇幅的阐述，重点突出，想投资者之所想，为投资带来增量价值。

2. 行文朴实，案例贯穿全文，提高了阅读的生动性

本书行文朴素，用最通俗的语言阐述晦涩的理论，并且娓娓道来，侃侃而谈，读来有一种朋友之间交流切磋的亲切之感，又能直击重点，将核心观点阐述于人。全文运用大量案例、公司、个股来印证和支撑每一个重要论点，论据充分可靠，说服力强，同时也降低了阅读难度，提高了文中结论的可理解性。

3. 图表结合，提高了阅读的直观性

本书力求"文表图"结合，为读者构建清新的阅读环境和阅读体验。大量图表穿插于文字中间，降低了阅读疲劳感，图中加入了大量备注，点明图所想表达的核心观点，一目了然，提高了阅读的直观性，既带来了有用的知识，又带给读者愉悦的阅读体验。

本书内容及体系结构

第1章　上市公司年报概述

本章从与年报相关的最基本概念入手，讲解年报的定义、类型、查询方法、主要内容及其作用，并通过大量案例来说明年报中的一些关键内容在投资实践中的使用方法。

第2章　如何通过年报判断公司赚不赚钱

本章阐述判断公司收入规模、利润规模的方法，在此基础上判断产品盈利能力，包括毛利率指标及其用法，进而综合判断公司整体盈利能力，包括净资产收益率、每股收益等指标及其用法，并对影响盈利能力的其他因素进行分析，力求全面判断公司盈利能力。而盈利能力是企业价值创造的基石，是投资决策的重要依据。

第3章　如何通过年报判断公司发展前景

本章内容篇幅较大，只因公司发展前景是投资分析的重中之重。本章从公

司所处行业的发展阶段分析入手，引用行业生命周期理论进行阐述，并重点分析成长性行业与成熟期行业的不同投资策略。接着分析国家政策对公司发展的影响，并探讨未来有望成为主角的重点行业，对其中存在的投资机会进行提示。最后对判断公司发展能力常用的财务指标、公司行为进行分析，试图寻找成长性良好的投资标的，并谨防投资中出现"戴维斯双杀"现象。

第4章　如何通过年报判断公司资本管理能力

本章主要阐述利用年报来判断公司资产管理能力和融资管理能力，提出最常用的计算指标，来阐述公司营运能力与资本成本控制能力对优化公司资本结构，进而对公司业绩所产生的积极影响。

第5章　如何通过年报揭示公司重大风险

本章将视角伸向风险领域，介绍如何通过年报判断公司技术风险、产品风险、人员风险、财务风险、法律风险、假账风险，风险分析基本涵盖了公司经营活动的大部分环节和领域，投资者可以尽可能地降低投资风险。

第6章　如何通过年报判断公司分红与送（转）股情况

本章阐述如何通过年报识别出高分红与高送转的上市公司，介绍高分红与高送转公司所具有的共同特点，提出如何介入这类股票的方法，对投资起到锦上添花的作用。

第7章　还有哪些与年报相关的有用的报告

本章介绍对年报有补充、更新作用的各类报告，包括半年报、季报、业绩预告、业绩快报以及临时报告，并阐述各类报告的使用方法，与年报一起构成投资者进行投资决策的完整依据。

本书读者对象

- A股股民
- 有一定会计基础知识的股票爱好者
- 价值投资推崇者
- 对股票投资有兴趣的其他各类人员

轻松注册成为博文视点社区用户（www.broadview.com.cn），扫码直达本书页面。

- **提交勘误**：您对书中内容的修改意见可在 提交勘误 处提交，若被采纳，将获赠博文视点社区积分（在您购买电子书时，积分可用来抵扣相应金额）。

- **交流互动**：在页面下方 读者评论 处留下您的疑问或观点，与我们和其他读者一同学习交流。

页面入口：http://www.broadview.com.cn/32255

目　　录

第 *1* 章

上市公司年报概述

上市公司年报是了解一家上市公司的最基本的渠道和途径，为我们选择股票提供了最有力的依据。当你买入某只股票之后感到惴惴不安，总担心跌了该怎么办时，建议你还是对年报的内容进行更仔细与全面的研究，对公司进行更深入的分析与了解；当你通过年报判断出这是一家好公司时，安心放置等待均值回归即可。

本章主要讲述上市公司年报的相关基本概念、年报的主要内容以及年报的作用，初步探索如何利用年报中的内容进行股票选择。

本章内容只是对年报的概览，具体如何通过年报来深入分析和判断公司盈利能力、发展能力、资产管理与资本管理能力等则通过后续章节进一步展开。

1.1　什么是年报

年报即"年度报告"，是公司在一个会计年度（公历 1 月 1 日起至 12 月 31 日止）结束之后，为反映公司在该年度内的基本情况、经营成果、财务状况以及重大事项而进行的陈述与报告。又因年报的核心是向使用者呈报财务业绩的完成情况，因此年报有时又被称为"年度财务报告"。实际上，年报的内容除包含年度财务报告以外，还有其他大量丰富的信息，例如公司所处行业的发展分析与公司经营战略分析等精彩内容。

年报属于公司定期报告，所谓定期报告就是公司必须按照一定的时间要求定期公开的报告。定期报告除年报以外，还有半年报、季报、月报。我国会计制度规定，公司年报必须在第二年的 4 月 30 日之前公布。

1.2 在哪里可以快速、及时地查询年报

年报可以在以下网站查询，对应图示分别如图 1-1 至图 1-3 所示。

（1）上海证券交易所官方网站：http://www.sse.com.cn/。

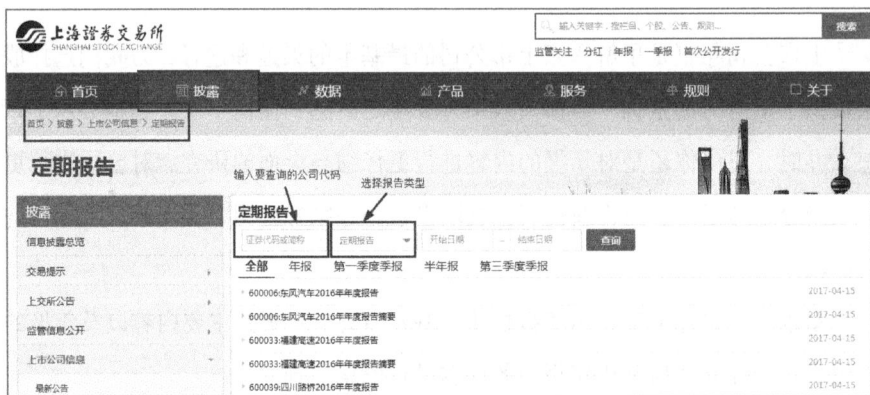

图 1-1 在上海证券交易所官网查询上市公司年报路径图

（2）深圳证券交易所官方网站：http://www.szse.cn/。

（3）巨潮资讯网：http://www.cninfo.com.cn/，为中国证监会指定信息披露网站，在其中输入证券代码或简称，在"公告"里面的"定期报告"中即可看到公司年报。

图 1-2　在深圳证券交易所官网查询上市公司年报路径图

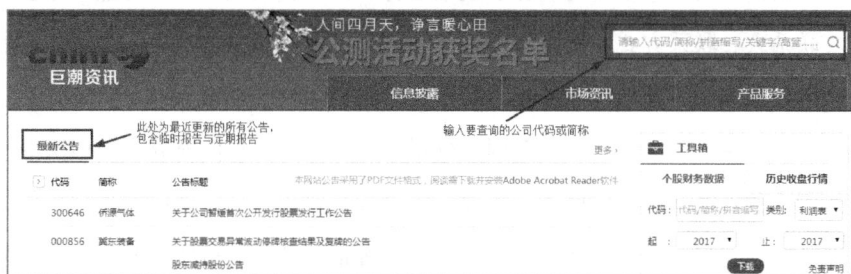

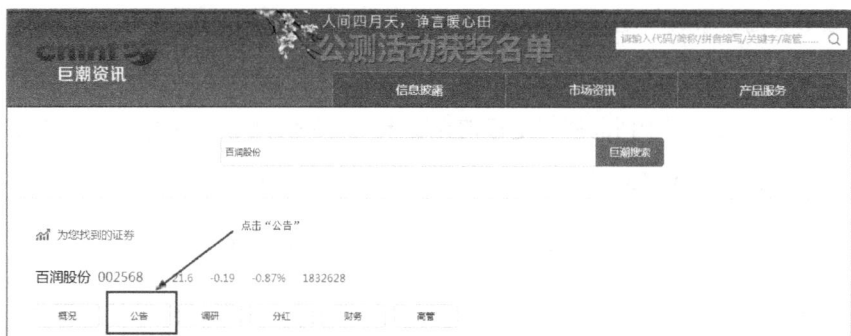

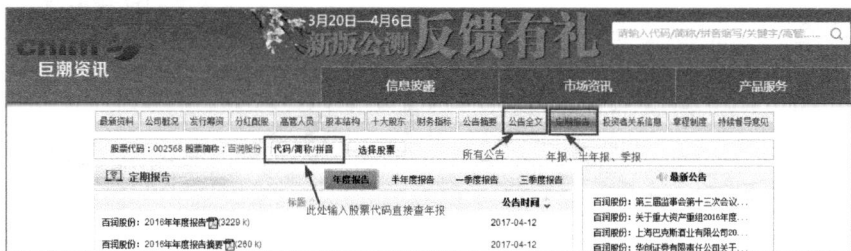

图 1-3　在巨潮资讯网查询上市公司年报路径图

1.3 年报的主要内容有哪些

本节将重点阐述上市公司年报中的主要内容，包括公司简介及年度主要财务指标、公司业务概要、股权结构及股份变动情况、"董监高"及员工情况、公司治理、财务报告等，其中对投资者选择股票起到重要作用的是各类财务指标、股权结构及股份变动、财务报告三大部分内容，需要投资者重点关注。

1.3.1 公司简介及年度主要财务指标

年报中的"公司简介"部分类似于一个陌生人的名片，有助于我们快速了解一个新的公司，包括公司名称、股票名称、法定代表人、注册地址、办公地址、联系人、联系方式、信息披露媒体和网址，我们可以重点关注公司注册地址，因为应该尽可能选择经济发达、市场潜力较大地区的股票。

比如北京、上海、广州、深圳、杭州五城的上市公司能充分享受中国经济发展带来的红利，市场空间大，人才、资金优势突出；雄安新区的推出，优先受益的就是注册地址位于河北、北京、天津等地的公司。虽然地域不是考量公司最重要的因素，但是如果能做到"天时、地利、人和"，既拥有国家鼓励政策，能优先发展，又有广阔市场基础、发展潜力巨大的区域，往往能使投资锦上添花。例如，位于河北省保定市的保变电气（600550）在雄安新区推出后，在底部沉寂了一年多的股价开始大幅拉升，如图 1-4 所示。

图 1-4　保变电气月 K 线图（前复权）

年报中的"主要财务指标"部分列示了公司近三年的重要财务数据，包括营业收入、归属于上市公司股东的净利润、扣非净利润、经营活动现金净流量、每股收益、净资产收益率、资产总额、净资产等，这些财务指标从经营成果、财务状况、现金流量等方面全面反映了公司业绩，是投资者不可错过的关键数据。

还有一个重要的基本信息，年报中有时可能没有披露，那就是公司上市时间，从上市时间往往能看出公司发展的阶段。我们把上市时间在一年之内的称为次新股，次新股是每年投资者最爱炒作的题材之一，因为刚上市的公司，股本小，有股本扩张的强烈动能，盘子小，拉升消耗资金少，且上方没有套牢盘，也就没有强阻力，拉升起来比较顺畅。

当然，目前随着 IPO 发行节奏的加快，新股供给越来越多，次新股的炒作价值也会越来越低，我们还是要选择那些本身业绩优良、发展速度较快的次新股，处于快速增长与扩张阶段，因急需资金而上市的公司，更容易成为超级大牛股。

1.3.2　公司业务概要

公司业务概要是年报中的核心内容之一，也是投资者了解公司行业、业务和经营情况的主要依据。该部分内容包括：

- 公司从事业务介绍。公司处于哪个行业，有哪些业务板块。
- 公司核心竞争力分析。公司发展战略是什么，在研发创新能力、业务拓展能力、团队管理能力上有何优势。由于上市公司倾向于夸大其词，投资者需要仔细辨别该部分内容，最好能结合公司的实际业务发展状况及财务数据来独立判断公司是否具有上述优势。
- 管理层讨论与分析。一是总结公司在报告期内完成的业绩，包括主要经营情况、主营业务分析、资产变动情况、资金使用情况；二是对公司未来的发展进行展望，包括分析行业格局和发展趋势，制定未来发展战略和经营目标。

1.3.3 股权结构及股份变动情况

本部分介绍在报告期内公司的股权结构及其变动情况。股权结构指的是上市公司股东数目及其持股比例的构成。该部分内容对投资者相当有用。

1. 限售股比例

公司股份往往会由于一些事项而被锁定不能流通，比如根据《公司法》规定，股东持有的上市公司股份，在上市之后1年之内不能卖出，其中控股股东、实际控制人持有的上市公司股份，自上市之日起36个月内不能卖出；根据《证券法》规定，定向增发的特定对象，自增发完成之日起，所持有的上市公司股份1年之内不能转让。

而锁定期到了之后，原先不能出售的股份即恢复自由流通的权力，股东可以将其卖出，称为限售股解禁。这会对股价构成较大压力，因此在解禁之前的较长一段时间里，股价一般都是下跌的走势。而且限售股解禁比例越大，股价跌幅越大，应该尽量回避限售股解禁的股票。

比如，联络互动（002280）在2016年2月4日非公开发行股票，锁定期为1年，在2017年2月6日（星期一）解除限售，本次解除限售的股份数量为420 904 943股，占股本总额的比例为19.33%，占比较高，因此该股自从2016年年底开始一直保持下跌走势，刚好在解除限售的第二天2017年2月7日达到最低点10.88元，之后才开始恢复涨势，如图1-5所示。

图1-5 联络互动周K线图（前复权）

爱康科技（002610）于 2017 年 3 月 23 日解禁约 14.32 亿股股份，占公司股本总额的 31.88%，是 2016 年公司非公开发行股票而为各类机构投资者持有的限售股，锁定期限为 1 年。由于解禁比例较大，公司自 2016 年下半年开始股价就跌跌不休，如图 1-6 所示。

图 1-6 爱康科技 2016 年 4 月至 2017 年 3 月周 K 线图（前复权）

值得注意的是，爱康科技为扭转一泻千里的走势，为股价挽回一丝颜面，公司于 2017 年 3 月 23 日还实施了股份回购，购买公司股票 1690 万股，约占公司股本总额的 0.38%。本来股份回购是有利于提振股价的，但回购比例与 31.88%的解禁比例相比，简直不值一提，因此股价继续下探寻底。

2015 年年底，中国传媒第一股——分众传媒借壳七喜控股成为首家回归 A 股的中概股，根据公司借壳上市规定，在 2017 年 4 月 17 日与 2018 年 12 月 31 日，将有两次公司股份解禁，解禁股份分别为 5 亿股和 45.91 亿股，解禁比例分别为 5.85%和 53.14%。因此 2017 年上半年将是一个承压期，机构和 PE（私募股权投资基金）的持有成本一般是相当低的，他们会为了追求回报而择机抛出；而 2018 年的解禁压力表面看起来很大，但主要是大股东所持有的股份，因此为维护大股东的地位，预计不会抛出太多，抛售的主力一般是大股东以外的机构投资者们。

如图 1-7 所示，我们可以看出，分众传媒在 2016 年年底以及 2017 年上半年，以下行趋势为主，主要是受 2017 年 4 月股份解禁的影响。

图 1-7　分众传媒周 K 线图（前复权）

2. 股权集中程度

可以通过股东数量以及计算前十名股东持股比例总和来判断公司股权集中程度，股东数量越少、前十名持股比例之和越大，表明股权越集中；反之，表明股权越分散。一般而言，股权越分散的公司，表明被更多的人持有，有更多的人看好公司未来发展前景，且不容易出现大股东侵犯小股东权益的现象，因此可重点关注。我们看万科 A（000002，简称万科）和格力电器（000651）的股权结构情况，如表 1-1 和表 1-2 所示。

表 1-1　万科前十大股东及其持股比例（截至 2016 年 12 月 31 日）

股东名称	股东性质	持股比例
华润股份	国有法人	15.24%
HKSCC NOMINEES LIMITED	外资股东	11.91%
钜盛华	其他	8.39%
广州市欣盛投资有限公司	其他	4.77%
国信证券—工商银行—国信金鹏分级 1 号集合资产管理计划	其他	4.14%
前海人寿保险股份有限公司—海利年年	其他	3.17%
招商财富—招商银行—德赢 1 号专项资产管理计划	其他	2.98%
安邦财产保险股份有限公司—传统产品	其他	2.34%
中国证券金融股份有限公司	其他	2.25%
安邦人寿保险股份有限公司—保守型投资组合	其他	2.21%
合计		57.40%

表 1-2　格力电器前十大股东及其持股比例（截至 2015 年 12 月 31 日）

股东名称	股东性质	持股比例
珠海格力集团有限公司	国有法人	18.22%
河北京海担保投资有限公司	境内非国有法人	8.91%
中国证券金融股份有限公司	国有法人	2.99%
中央汇金资产管理有限责任公司	国有法人	1.40%
UBS AG	境外法人	1.21%
前海人寿保险股份有限公司—海利年年	境内非国有法人	1.14%
YALE UNIVERSITY	境外法人	0.95%
和谐健康保险股份有限公司—传统—普通保险产品	境内非国有法人	0.80%
董明珠	境内自然人	0.73%
宁波普罗非投资管理有限公司	境内非国有法人	0.71%
合计		37.06%

从年报中可以查询到，万科 2016 年年末总共股东户数为 336 092 户，从表 1-1 可以看出，万科的股权结构比较分散，第一大股东华润股份的持股比例只有 15.24%，甚至达不到联营和共同控制的水平。前十大股东合计持股为 57.40%，表明这种股权结构分散的公司被更多的人看好，同时大股东也会面临易主的风险。第三大股东钜盛华以及第六大股东前海人寿即为姚振华"宝能系"下属公司，合计持有万科 11.56% 的股本，是万科第三大股东，曾经对第一大股东的地位虎视眈眈。

由于截至笔者撰写本书的日期，格力电器 2016 年年报尚未公布，因此这里选择 2015 年年报来分析。我们查询到，格力电器 2015 年年末总共股东户数为 352 276 户，从表 1-2 可以看出，与万科类似，格力电器的股权结构也比较分散，第一大股东珠海格力集团的持股比例只有 18.22%。前十大股东合计持股为 37.06%，比万科还低，表明这种股权结构分散的公司被更多的投资者看好，往往具有比较好的经营业绩和发展前景，投资者可以重点关注。

3. 流通盘大小

流通盘指的是不受限制可以在二级市场上自由转让的那部分股本。从股本结构看，流通盘的大小对股价波动的幅度影响较大。一般而言，流通盘越小的公司，越有利于庄家收集筹码，拉升所消耗庄家的资金越少，因此越容易受庄家青睐，尤其是小盘绩优股。将中国石油和一个新上市的流通市值只有 100 亿元的次新股拉一个涨停，庄家明显更倾向于后者。

4. 股份回购

如果本报告期内发生了股份回购事项，则会在本部分的"股份数量变动"中进行披露。如果公司认为股价被市场严重低估了，就会自己掏出一部分钱来回购自己的股份，这样发行在外的流通股股份就减少了，每股收益得到相应的提高，在市盈率不变的情况下，股价会上涨，因此可以积极介入回购自己股份的公司。

5. 股份转让

要关注公司股份转让尤其是机构投资者接手的情况。一般来讲，股份转让，尤其是大股东、实际控制人易主对公司股价而言是一个利好事件，特别是机构投资者接手继任大股东的情况，股价往往会有一个积极的反应。一方面，表明机构投资者十分看好公司未来发展前景；另一方面，"新官上任三把火"，市场对新股东接手之后有所作为十分期待。

2016 年 8 月 19 日，四川双马（000935）控股股东拉法基中国水泥有限公司分别与天津赛克环和北京和谐恒源科技有限公司（以下简称"北京和谐恒源"）签署了股份转让协议，将其持有的四川双马合计 426 962 222 股股份，约占四川双马总股本的 55.93%，转让给后两者，转让之后北京和谐恒源和天津赛克环分别成为四川双马第一与第二大股东。

需要注意的是，北京和谐恒源法定代表人就是国际风投界赫赫有名的 IDG 资本的投资总裁王静波，而实际控制人林栋梁则是 IDG 资本合伙人，被国际资本大鳄盯上的蛋糕，你会怀疑它的美味吗？如图 1-8 所示为 2016 年 8 月 19 日股权转让公告日之后一直到 2016 年年底四川双马的市场表现。

图 1-8　四川双马日 K 线图（前复权）

从图 1-8 可以看出，2016 年 7 月 6 日，四川双马因该重大股份转让事项停牌，当天收盘价为 7.01 元；8 月 22 日复牌之后连续四天一字涨停，至 2016 年 11 月 3 日，最高涨至 42 元，与复牌前的股价相比，上涨了 5 倍！

国内除 IDG 资本以外，还有一些在资本市场比较活跃的著名投资机构，例如复星资本、软银中国、红杉资本、深创投、鼎晖资本、今日资本、达晨创投等。当然，这些资本大鳄往往在企业创业初期就已介入，属于风投性质，一直等到企业 IPO 之后再从二级市场逐步退出，收益可观。只要公司股东名单中出现了上述著名的投资机构，而且是刚刚介入阶段，股价尚未一飞冲天，那么跟着投资大佬分一杯羹是个不错的策略。

当然，就像四川双马的投资手法一样，这些机构往往不会直接以自己的名义参与投资（因为太出名容易成为市场关注的焦点，也容易被监管盯上，而这些机构更喜欢闷声发大财），尤其是在二级市场，通常会通过旗下控制的许多子公司（例如北京和谐恒源这种负责投资具体执行的公司）来间接持股，我们要善于寻找蛛丝马迹，才会发现谁才是幕后推手。在股市中要善于研究与发现，市场只会惩罚你的散漫与懒惰，但绝对不会亏待你的用心和细心。

6．股权性质

要关注公司股权性质是民营企业还是国有企业，从披露的实际控制人身份即可看出。一般而言，民营企业的发展活力大于国有企业，因为竞争程度高，因而产品具有优势；而垄断性质的国有企业投资价值较低，除非具有改革想象空间，比如央企中国联通的混合所有制改革，在方案中计划引入阿里、百度、腾讯等战略投资方，这种合作有利于发挥各自的强项，加强业务发展的深度和广度，因此对提高公司价值有益处，可以考虑介入。

除此之外的国有企业，尤其是依靠行政力量垄断该行业业务的，投资价值都不大，例如垄断石油行业的中国石油、依赖政府关系取得中小学教材教辅出版业务的各类出版传媒公司、公共事业领域里的国有火力发电厂等，在各自主营业务里很难有大的本质上的提升，因此应该尽量回避，有时它们即使取得优秀的业绩，也是因为行政力量导致民营资本并未参与竞争。

1.3.4 董事、监事、高管及员工情况

董事、监事、高管及员工情况是判断公司经营管理能力的重要依据。可以考察公司人员结构、专业配备、年龄特点等方面，内容包括"董监高"的教育背景、工作经历、持股情况等。

公司领导层应该年富力强，具有本行业丰富的从业经验，具有成功的项目经验，专业配置合理，执行力强，洞悉行业发展规律与前景，高瞻远瞩，具有长远战略眼光。

1.3.5 公司治理

公司治理部分为公司制度建设情况，包括股东大会、董事会、监事会的会议召开情况，公司与控股股东的独立情况，内部控制建设情况及自我评价报告。该部分内容对公司日常经营管理很重要，但是对股票选择并没有直接作用，了解即可。

1.3.6 财务报告

财务报告部分篇幅较大，为财务专业内容，包含审计报告、合并财务报表、母公司报表、报表编制基础、公司会计政策、报表项目注解，当我们想具体了

解报表当中某个项目时，就可以看项目注解。例如，想了解公司控股的子公司、参股的合营及联营公司有哪些，以及持股比例各为多少，就可查看资产负债表中"长期股权投资"这一项目的注解，有利于从财务角度进一步深入了解公司业务。

审计报告对我们投资有什么作用呢？

一是看审计意见。我国审计准则规定的审计意见有以下类型：无保留意见、保留意见、无法表示意见、否定意见。当审计意见为后三种类型时，表明审计师无法取得令其满意的审计证据来验证财务报表的合规性与合理性，公司财务报告的可靠性与可信性较低，最好避开该公司。

二是看审计师是否发生变更。一般按照审计行业惯例每五年会有一次正常的轮换，但是如果公司频繁更换会计师事务所，那么往往是出于特定的目的（"保壳"、定增、获取满意的审计意见等），此时该公司的财务状况一般都会出现问题。

1.3.7　审计报告使用案例——盈方微

我们举例来说明审计报告在投资中的作用。盈方微（000670）是一家在深圳主板上市的科技型公司，该公司是国内领先的 SoC 芯片设计企业，主要从事面向移动互联终端、智能家居、视频监控、运动相机等应用的智能处理器及相关软件产品的研发、设计、销售。公司 2015 年年报最初是由致同会计师事务所来审计的，于 2016 年 4 月 29 日出具了无法表示意见的审计报告，年报中同时披露了导致审计师无法表示意见的原因为：

- 对盈方微公司的技术服务和芯片业务，对部分业务我们无法实施满意的审计程序，对部分业务也无法获取充分、适当的审计证据以判断交易实质；

- 因未能获得有效的询证函回函，也无法实施满意的替代审计程序，我们对盈方微公司截至 2015 年 12 月 31 日的应收款项无法获取充分、适当的审计证据；

● 对盈方微公司的在建工程、无形资产、开发支出的确认和计量，我们实施的审计程序及所取得的审计证据未能令人满意。

根据深圳证券交易所股票上市规则的规定，当上市公司最近一个会计年度的财务报告被出具无法表示意见或者否定意见的审计报告时，公司将被实施退市风险警示，所以 2016 年盈方微被戴上了"ST"；被实施退市风险警示后，如果下一个会计年度的财务报告继续被出具无法表示意见或否定意见的审计报告，公司将被暂停上市。

因此为了保壳，公司于 2016 年更换了会计师事务所，重新聘请了亚太（集团）会计师事务所，随后于 2016 年 7 月 15 日，对 2015 年年度报告重新出具了标准无保留意见的审计报告（后任审计师对 2015 年财务报告的调整事项见表 1-3），2016 年度报告被出具了带强调事项段的无保留意见审计报告，从而达到了避免暂停上市的目的。

盈方微 2016 年为保壳而更换审计师后的市场表现如图 1-9 所示。

表 1-3　盈方微后任审计师对 2015 年年报调整项目

项　　目	后任调整金额（万元）
营业收入	−728.63
营业成本	379.59
资产减值损失	187.06
净利润	−965.49
应收账款	−712.76
在建工程	−3126.96
固定资产	2684.8
无形资产	−221
未分配利润	−949.3

从表 1-3 可以看出，后任审计师主要是调减收入与资产，调增成本与损失，这就说明调整之前的报告存在虚增业绩的较大水分。这类公司，为了保壳的目的，而更换会计师事务所，购买符合其特定目的的审计意见，对于这种情况就需要大家尽量回避。一个经营优秀的公司不需要如此殚精竭虑，好公司都是把精力花在主营业务拓展上面，而烂公司各有各的烂法，总有办法让你防不胜防，

要避而远之。

图 1-9　盈方微 2016 年为保壳而更换审计师后的市场表现（周 K 线图，前复权）

1.4　对投资者来讲，年报有什么作用

上市公司年报是投资者了解一个公司最简单、最直接、最有效、最正式的途径。年报中丰富的内容可以满足投资者不同的投资需求。

1.4.1　年报可以帮助投资者全面了解一个公司

年报中的财务指标可以帮助投资者进行业绩判断，通过与公司历史及同行业对比分析，可以了解公司发展速度与市场地位；通过公司业务及行业发展分析部分，可以帮助投资者了解公司业务进展如何，据此判断所处行业地位和发展前景；通过股权结构及股份变动部分，可以帮助投资者了解公司股权性质、股权集中程度、股权交易活跃性，据此判断市场受追捧的程度（一般股权结构越分散，则表明被越多的人持有，就有越多的人看好公司发展前景）；通过"董监高"部分，可以帮助投资者了解公司关键领导层及管理人员的教育背景、工作履历等方面，据此判断公司管理能力。通过仔细阅读年报，可以帮助我们全面了解一个上市公司的方方面面，对公司有一个概览性印象。

1.4.2　年报可以帮助投资者优化投资决策

通过年报可以判断公司的成长性、盈利能力、发展能力、偿债能力以及营运能力等各方面的竞争能力，我们在后续章节中会详细阐述。通过阅读年报，投资者可以筛选出符合自己投资标准的公司，买入并持有，并且及时剔除达不到要求的公司，优胜劣汰，不断优化投资决策。

1.4.3　年报使用的局限性

利用年报来选择股票也有一些局限性，首先，它比较适合中长线操作，因为年报一年才公布一次，时间跨度较长，对除年报公布时间窗口以外的短线波动的解释能力有限，短线更看重事件刺激、临时突发政策等影响；其次，年报对具体入场时点的选择也稍显无力，入场时点一般要借助一定的技术分析手段，例如 K 线图、KDJ 指标、MACD 指标、均线系统等来把握效果较好，当然如果做的是真正的价值投资，不在乎短线波动，那么根据年报筛选出好股票后即可买入，以 1 年、5 年、10 年为单位来持有，以获取长期收益。

在时下 A 股市场环境里，暴涨暴跌几乎是常态，尤其是牛熊转换的过渡期，买的时候一窝蜂地买，卖的时候树倒猢狲散，急涨急跌反映了 A 股股民的不理性，不理性的背后是股民对一个公司的真正价值心里并没有底，没有摸清公司到底值不值当前的价格。很多股民听风就是雨，根据各种小道消息，甚至连公司名字都不知道，直接输入代码就交易，更别提对公司经营状况进行深入了解与分析了。

股民中很少有人静下心来研究公司年报，尤其是采用科学、系统的方法研究一个公司 5 ~ 10 年，甚至 10 年以上的发展过程，A 股市场急需理性的价值投资，摒弃无脑炒作的作风。本书将以阅读、分析上市公司年报为主线，倡导价值投资理念，真正找到盈利能力强、发展速度快、发展前景好的绩优白马成长股，并以长期持股为目的，力求与公司共同成长，真正分享经济发展带来的红利，提高投资成功率与回报率。

第 2 章

如何通过年报判断公司赚不赚钱

盈利能力是公司发展的源泉，只有拥有强大的赚钱能力，才会产生源源不断的现金流，增加公司价值，进而提升股价，拥有更好的市场表现。盈利能力是公司一切能力的前提和基础，没有盈利能力或者盈利能力弱的公司，可持续发展就会受到遏制，应尽量回避该类公司。本章就是要通过年报中的各类财务指标来研究、分析和判断公司盈利能力。

2.1 如何判断公司的收入规模与水平

公司收入是盈利能力的基石，是公司业务活动的货币表现，是计算净利润的基数，只有收入规模不断扩大，公司才会覆盖各类成本费用，为股东创造更多的剩余价值。现阶段衡量公司收入的指标就是营业收入，同时要区分营业外收入的不同。

2.1.1 营业收入及计算方法

从会计核算来看，营业收入=主营业务收入+其他业务收入，营业收入指的是与公司日常经营活动相关的经济利益的总流入。之所以是总流入，意味着它必须能覆盖各类成本、费用，除此之外还应该有所富余，才会带来公司价值的增值。

主营业务收入指的是公司通过日常经营活动，生产产品、提供劳务等获取的现金流入，其他业务收入指的是公司通过与经营活动相关的非主营业务获取的收入。例如，一个把零部件加工成整车进行销售的公司，如上汽集团（600104），其销售整车获取的收入就是主营业务收入，如果发现零部件有剩余而把零部件出售所获取的收入就是其他业务收入；而如果公司的主要经营业务就是通过销售零部件、配件来赚钱的，如中原内配（002448），那么出售零部件、配件的收入就是主营业务收入。

区分主营业务收入与其他业务收入的意义在于判断公司主营业务是否稳健、是否可靠，只有主营业务持续增长的公司才值得投资。巴菲特将"超级长期稳定业务"这一原则作为他的一项选股准则，并且认为，"盈利能力最好的企业，通常是那些现在的经营方式与 5 年前甚至 10 年前相比几乎完全相同的企业"。

我国会计准则规定，要确认收入，需要满足以下几个条件：

- 企业已将商品所有权上的主要风险和报酬转移给买方；
- 企业既没有保留通常与所有权相联系的继续管理权，也没有对已售出的商品实施控制；
- 与交易相关的经济利益能够流入企业；
- 相关的收入能够可靠地计量；
- 相关的已发生或将发生的成本能够可靠地计量（收入与成本配比原则）。

因此在公司年报中的会计政策部分，要重点检查以上公司收入的确认条件，以判断公司是否存在激进的收入确认政策，从而对收入数据保持必要的谨慎。

2.1.2　营业外收入属于收入吗

营业外收入指的是公司营业活动以外的事项带来的现金流入，常见的有政府补助和出售固定资产所得。政府补助具有一定的偶然性和不可期待性，固定资产正常是用来生产产品的，出售固定资产是公司非经常性业务，也不能总是依靠出售公司房地产来保壳，因此营业外收入不属于公司日常经营活动所产生的现金流入，也就不属于收入，财务上将其称为"利得"。

2.1.3　营业收入的使用方法

营业收入是反映公司业绩最重要的两个财务指标之一，另一个指标是净利润，假如只看净利润指标，一个公司今年净利润大增，是否就能判断它值得投资呢？不能判断，因为净利润增长有很多方法，如降低生产成本，降低销售费用、管理费用、利息费用，抑或取得政府补贴计入营业收入中等，均可以提高净利润，但成本费用的降低有一定的难度，例如若没有技术上的突破，生产成本就难以系统性下降。

而营业外收入的取得本身就具有偶然性与不确定性，公司并不能一直靠政府补贴生存下去，因此一个公司最根本的业绩增长应该来源于主营业务，只有主营业务收入增长带来的净利润增长才是可靠的。不能仅看到净利润增长就判断公司值得投资，营业收入的增长才应是最先被关注的。

我们可以获取公司至少近三年的年报（当然年份越多越好），在年报中的"财务报告"部分，通过查询利润表来获取营业收入的本年与上年发生金额，通过计算营业收入的增减变动额以及增减变动率来分析公司主营业务的发展状况和变化趋势，如果近几年公司营业收入持续稳定增长在20%以上，则说明公司经营比较稳健、可靠，也就具备了进一步考察的条件。

在年报中的"经营情况讨论与分析"部分，列报了分行业、分产品、分地区的营业收入的构成，以及占公司营业收入10%以上的行业、产品或地区情况，有助于我们了解营业收入的结构情况。需要重点分析的是占公司收入比重较大的产品或行业的收入变动情况，如果公司核心产品或核心行业收入下滑，那么对公司的影响就比较大。

2.2 如何判断公司的利润规模与水平

在前述收入规模的基础上，扣除公司成本之后就得到各种利润指标，这些利润指标反映了公司的经济利益净流入。判断公司利润规模常用的是利润总额与净利润两个指标，尤其是净利润指标，最能体现公司盈利能力与水平，是投资者必须要仔细研究的关键性指标。

2.2.1 利润总额及使用方法

根据我国会计准则的规定，营业利润=营业收入-营业成本-税金及附加（"营改增"之前的"营业税金及附加"）-三费+公允价值变动损益+投资收益-资产减值损失。利润总额=营业利润+营业外收入-营业外支出。

"税金及附加"指的是城建税、教育费附加等附加税费，计算基数为增值税与消费税之和。

三费即"管理费用""销售费用""财务费用"，管理费用指公司日常管理活动所发生的支出；销售费用指为销售产品所进行的市场宣传、推广、广告支出等费用；财务费用指在融资过程中发生的手续费、财务利息支出。

公允价值变动损益主要指公司购买的交易性金融资产的期末公允价值变动。例如，投机性的股票投资，以及采用公允价值模式计量的投资性房地产的期末公允价值变动。

投资收益指公司投资活动发生的损益。例如，采用权益法核算的合营、联营企业的业绩变动，以及购买理财产品所得的收益。

资产减值损失指的是根据会计谨慎性要求，对资产进行减值测试之后所计提的减值准备。例如，应收账款的坏账准备、存货的跌价准备、长期股权投资、固定资产、无形资产以及商誉的减值准备等。

营业外收入指的是公司营业活动之外的事项带来的非经常性净收益，也被称为"利得"。例如，公司出售固定资产损益、获取政府补助收入、获取捐赠收入等。

营业外支出与营业外收入相对应，指的是公司营业活动之外的事项发生的净损失，也被称为"利损"。例如，公司出售固定资产形成的损失、公司捐赠支出等。

对于三费的解读，由于研发支出（计入管理费用的部分）对公司来讲是投资未来，带来未来的现金流入，是有益因素，因此应该关注扣除研发支出之后的三费金额占营业收入的比重，该比重越低就表明费用控制越得力。

费用一定要下降才好吗？当然不是，合理的费用支出可以提升公司业绩，例如在医药行业，销售费用的占比就相当大，主要是医药销售代表开拓市场（比如各大医院与流通领域里的各大药店）的支出，如果没有这块支出，医药公司何来收入呢？我们以复星医药（600196）为例，来看看在医药行业销售费用为业绩带来的促进作用。复星医药近三年的关键业绩指标如表 2-1 所示。

表 2-1　复星医药财务指标

项　　目	2016 年	2015 年	2014 年	2016 年增长率	2015 年增长率
营业收入（亿元）	146.29	126.09	120.26	16.02%	4.85%
销售费用（亿元）	37.04	28.15	23	31.58%	22.39%
销售费用占营业收入的比重	25.32%	22.33%	19.13%	2.99%	3.20%
净利润（亿元）	28.06	24.6	21.13	14.07%	16.42%
净资产收益率	14.25%	14.21%	13.38%	0.04%	0.83%
每股收益（元/股）	1.21	1.07	0.92	13.08%	16.30%

从表 2-1 可以看出，复星医药 2014—2016 年的销售费用在逐年增长，占营业收入的比重也在逐年上升。如果单从该公司来看，则会以为公司销售费用控制不力，导致费用的增长速度快于收入和净利润的增长速度。我们来横向对比一下复星医药与其他医药公司，如表 2-2 所示。

表 2-2　各大医药公司销售费用占营业收入比重

医药公司	2016 年销售费用占营业收入的比重
白云山	21.79%
复星医药	25.32%
上海医药	25.84%
华润三九	33.89%
恒瑞医药	37.84%
丽珠集团	38.39%

从表 2-2 可以看出，复星医药的销售费用占营业收入的比重还是相对比较低的，仅白云山的 21.79% 比复星医药低，与上海医药基本持平，其余几家均大幅高于复星医药。因此综合来看，复星医药的销售费用控制力度还算不错，净利润、净资产收益率、每股收益等各项财务指标均有提升，显示出了较好的财务绩效，公司在二级市场上也表现出了稳步上涨的趋势，如图 2-1 所示。

图 2-1   复星医药周 K 线图（前复权）

2.2.2 净利润及使用方法

根据我国会计准则的规定，净利润=利润总额-所得税费用。

净利润是判断公司业绩的关键指标，是投资者最关注的核心指标，也是推动公司股价变动的根本力量。从会计角度来讲，当公司盈利时，公司股东权益就会增加，而总市值代表的也是股东权益的大小，市值也会增加，在股本数量既定的前提下，股价就会上涨。净利润的使用：

- 一是要剔除非经常性损益的影响。前已述及，非经常性损益具有一定的偶然性与不可持续性；

- 二是要将尽可能多的年份的净利润放在一起，研究盈利的稳定性与持续性，避免一时的增长陷阱，最可靠的情形是公司一直稳定增长在 20% 以上；

- 三是重点关注扭亏为盈的公司。

一个净利润由负转正或者摘帽成功的公司很可能比一个稳定盈利但平平庸庸的公司更容易吸引投资者的眼球，尤其是经过重组、收购、剥离不良资产、开发新产品、转换经营方向等事项所带来的业绩的明显改善，往往会有比较好的市场反应。

对于同样的一份业绩报告，例如净利润下降的报告，不同的投资者会有不同的反应，有的人一看到净利润下降就巴不得敬而远之，减仓、清仓，或不再关注；而有的人会认为是利空出尽、入手的好时机，可以逢低买入。

此时，我们需要静下心来，深入分析净利润下降的原因，如果判断净利润下降是短期的、暂时的，则可逢低买入；如果确实是由于公司经营不善、没有足够能力应对市场竞争导致的，则可择机抛出。例如，如果本期净利润下降的原因是由于新收购了子公司，人员费用以及开发新市场、新产品的投入增加，但这些投入暂时还未产生收入，那么该公司就属于可以观望的情形，等到公司的付出换来收益时，也就是我们的等待获取回报时。

买净利润高的公司发行的股票就一定比买净利润低甚至亏损的公司发行的股票好吗？记住，市场中没有绝对的事情，而只有把握性大的事情。不排除一些绩差股甚至亏损股，在某个阶段涨幅巨大甚至超过绩优股的情形，但是这只是在某个阶段，而且在很大程度上是由于别的利好刺激导致的。例如，一个常年亏损的国有上市公司被"ST"之后，政府为了保壳，就筹划将另外一家优质资产公司注入该上市公司，麻雀即将变凤凰，业绩咸鱼翻身，刺激股价大涨，也是合情合理之事。

越是亏损严重的公司，资产注入、重组、收购、兼并的可能性就越大，不排除被庄家拿来炒作，但是这毕竟是一个高风险的赌注，假如重组失败，各种拯救措施失效，面临退市风险，你愿意承担一切后果吗？所以，市场从来不缺少机会，但是也往往伴随着风险，生存是第一位的，买绩优股比买绩差股在大部分情况下都是一件更为靠谱的事，除非你天生偏爱风险。

要求公司每年的净利润都必须是增长的吗？当然也不是，其中有一年净利润有所减少也是可以接受的，当然最好减少的幅度不要太大，同时要在随后几年的时间里涨回来并且突破新的高度；如果连续两年收益下跌，那可能是公司经营确实出现了短时间内难以克服的难题，就要暂时观望。

公司连续两年亏损，就会被冠上"ST"标识；如果第三年还是亏损，就会暂停上市。刚被戴上"ST"的公司，如果首个交易日不跌反涨，那么往往暗示公司有利好因素，可以考虑买入；在"ST"被摘除的首个交易日，如果股价不涨反跌，则往往暗示公司有利空因素，不宜买入，正所谓"该涨不涨，必有一跌；该跌不跌，必有一涨"，这是反复被 A 股市场验证的"套路"。

净利润总额固然重要，但分析净利润的组成结构，则会对公司主营业务与非主营业务活动有更深刻的认识。我们需要区分净利润的如下构成部分：毛利、投资收益和营业外收入。

毛利是营业活动产生的利润，应该占公司利润的大部分或绝大部分。投资收益是企业投资活动贡献的利润部分，例如投资各类金融资产所发生的公允价值的上升（可供出售的金融资产计入资本公积除外），按权益法核算的合营、联营企业所有者权益变动的份额等。除了专门做投资的公司（创投类、信托类、保险类），对于大部分公司而言，投资收益是为公司经营锦上添花的部分，是净利润的补充，但不是主要构成部分。营业外收入是非经常性业务形成的利得，所占比例更小，公司不能指望依赖政府补助或出口退税来过日子。

因此，最好将营业外收入从净利润中剔除，这样才能还原公司最本质的经营业务。扣除营业外收入的净利润在年报中被称为"扣除非经常性损益的净利润"，简称"扣非净利润"。

2.3　如何判断公司产品盈利能力的水平

产品盈利能力指的是产品的生产成本与收入效益的对比。当生产一件产品时所耗费的成本越低，所带来的收入就越高，那么该产品的盈利能力就越强。产品盈利能力是公司盈利能力的基石，判断产品盈利能力最有效的指标就是毛利率，我们的目的就是要寻找拥有高毛利率产品的上市公司。

2.3.1　营业成本及使用方法

营业成本=主营业务成本+其他业务成本。

就典型的生产性公司来讲，主营业务成本即产品销售成本，一般就是指所销售产品的生产成本，包括直接材料成本、直接人工成本，以及按照一定标准分摊给产品的制造费用；就提供劳务的公司来讲，主营业务成本就是指提供劳务所发生的成本，包括人工成本、消耗材料的成本。

在年报中的"经营情况讨论与分析"部分，列报了分行业、分产品、分地区的营业成本的构成，有助于我们了解营业成本的相关情况。当然，也可以在年报中的"财务报告"部分，通过查询利润表来获取营业成本的本年与上年发生额，以及通过"财务报表附注"或者"财务报表项目注释"来获取营业成本的本年与上年发生额。

生产成本的控制是生产制造型企业永恒的主题，企业要想拓展利润空间，一是要尽可能地提高产品售价；二是在企业内部实施成本领先战略，努力降低生产成本。

提高售价受制于产品需求价格弹性的大小，如果弹性大，那么提高售价带来的收入增加有可能不足以弥补销售量下滑带来的收入减少，因此利用提高售价来提高毛利的公司少之又少，往往都是各行业内龙头企业，拥有技术、工艺或行政上的垄断能力。因此，对大多数企业来讲，控制自身成本才是更加切实可行的途径。

原材料与产品之间存在着唇亡齿寒般的紧密关系，强势的生产厂家会把成本端的原材料价格上涨转移给下游，通过提价来抵消不利影响；而如果成本转嫁不顺畅，上游提价导致下游需求减少，从而导致原材料需求减少，那么原材料的价格也会降下来。

比如烯烃类产品所用的原材料主要为甲醇，2016 年年底至 2017 年年初甲醇价格攀升，甲醇生产类化工企业利润十分可观，但大部分烯烃类产品处于亏损状态，而甲醇制烯烃完全可以被油制烯烃所替代，甲醇的高价就传导不到烯烃中来，因此烯烃生产线大面积停工，减少了对甲醇的需求，甲醇价格也会不断回落。

只有销售出去的产品的生产成本才会被计入营业成本中，未销售出去的产品的生产成本继续在库存商品里面体现。而发出存货如何计价，就关系到产品销售成本的高低以及净利润的大小。

目前常用的计价方法有先进先出法、个别计价法、加权平均法。先进先出法是指发出存货的成本使用最先入库的产成品的成本来计量，卖出的是最先生产完工的产品；个别计价法指的是每次发货都按照所发出商品的实际生产成本来计量，确保真实、客观，适合于产品数量少的公司；加权平均法指的是发出产品的成本使用每次入库时用数量加权计算的各批次的生产成本来计量，这种方法可以一个月只加权计算一次。

对于公司的营业成本，应尽量将其详细拆解，看公司所有的原材料有哪些，具体品种、规格、型号、质量要求是什么，市场上原材料的供应情况如何，供应价格最近有何变动，会对公司产生何种影响，影响程度有多大。

2.3.2 生产成本控制案例——中国神华

我们以 2016 年中国神华（601088）自产煤的生产成本为例，来说明成本降低对公司利润的重要影响。2016 年受煤炭市场回暖的影响，中国神华的煤炭销售价格从 2015 年的 293 元/吨（不含税）上涨到 317 元/吨，提升毛利 24 元/吨；同时中国神华在成本控制方面也是卓有成效的，如表 2-3 所示。

表 2-3　2016 年中国神华自产煤生产成本

单位成本项目	2016 年	2015 年	变动率	变动原因说明
原材料、燃料及动力	18.3	20.6	-11.17%	通过优化生产组织，井工矿掘进进尺同比减少；采购低价格燃油
人工成本	17.6	17.7	-0.56%	
折旧及摊销	19.7	24.4	-19.26%	控制新征生产用地，降低征地补偿费、搬迁补偿费等长期待摊费用摊销金额；使用专项储备购置的固定资产减少
其他成本	53.3	56.8	-6.16%	提高自有队伍效率，降低外委劳务工程费、生产辅助费用
单位生产成本合计	108.9	119.5	-8.87%	

从表 2-3 可以看出，2016 年公司通过成本控制措施，单位生产成本降低了

10.6 元/吨，加上售价提高的 24 元/吨，毛利总共提升了 34.6 元/吨。这对一个巨无霸企业来讲，影响利润的金额就会被放大，2016 年中国神华实现净利润 227.12 亿元，同比增长 40.70%，成本控制对提升企业业绩作用明显。

2.3.3　原材料价格对成本的影响——以火电与汽车行业为例

我们再看煤炭行业的下游——火力发电厂。在火力发电厂的发电成本构成当中，除设备折旧以外，很大一部分是煤炭采购成本。2015 年年底至 2016 年年初，煤价跌至近几年谷底，5500 大卡定价最低时在 300 元/吨左右，而煤炭高峰期时曾经一度达到 1000 元/吨以上，因此 2015 年的火力发电厂的毛利率就比 2014 年要高。

以国电电力（600795）为例，2015 年实现发电收入达 467.57 亿元，同比下滑 11.31%；营业成本为 315.42 亿元，同比下滑 13.79%；毛利率为 32.54%，同比上升 1.94 个百分点。虽然实体经济下滑、社会用电量下滑拖累了收入的增长，但由于燃煤成本大幅下滑导致生产成本下滑得更多，因此毛利率有所提升，此时电力行业就具有较大的配置价值。

2016 年国家在煤炭领域大力去产能，导致煤价从下半年开始迅猛反弹，翻番之后一度逼近 700 元/吨，导致火力发电成本大幅提升，而电价受国家严格管控没法相应调高（目前我国并没有实现煤电联动），因此毛利润和净利润大幅下滑，甚至不少中小发电厂大幅亏损。

继续看国电电力，2016 年实现发电收入达 507.24 亿元，同比增长 3.84%；营业成本为 370.16 亿元，同比增长 12.77%；毛利率为 27.03%，同比减少 5.77 个百分点。在收入增长的情况下毛利率反而下降，这就是由于燃煤成本上升得更快，侵蚀了公司利润导致毛利降低，此时火电行业步入成本上升的周期中，就不再值得配置了。

2016 年汽车行业利润水平普遍较好，原因就是这一年大宗商品价格处于多年低点，汽车生产所需要的原材料为钢铁（制造车身、发动机）、玻璃（制造车窗）、橡胶（制造轮胎）等，这些原材料的价格均比较低，而汽车销量又大增，因此汽车行业业绩具有良好表现。

我们以上汽集团（600104）为例，来说明原材料成本降低对公司业绩产生的积极影响。上汽集团属于汽车制造行业，主要业务是研发、生产、销售汽车整车（包括乘用车和商用车）和汽车零部件（包括发动机、变速箱、底盘系统、内外饰等），并从事相关汽车服务贸易和金融投资业务。2016年上汽集团的关键业绩指标与毛利率情况如表 2-4 和表 2-5 所示。

表 2-4   2016 年上汽集团关键业绩指标

项　　　目	2016 年	2015 年	增长率
营业收入（亿元）	7462.37	6613.74	12.83%
营业成本（亿元）	6502.18	5858.33	10.99%
净利润（亿元）	320.09	297.94	7.43%
汽车制造业务毛利率	12.87%	11.42%	1.45%
每股收益（元/股）	2.9	2.7	7.41%

表 2-5   2016 年上汽集团汽车制造业务毛利率情况

项　　　目	2016 年	2015 年	变动率
整车业务毛利率	10.95%	9.26%	1.69%
零部件业务毛利率	20.40%	15.50%	4.90%
合计	12.87%	11.42%	1.45%

从表 2-4 和表 2-5 可以看出，2016 年上汽集团得益于原材料端的价格下滑，整车业务毛利率从 2015 年的 9.26%，提升到 2016 年的 10.95%，零部件业务毛利率从 2015 年的 15.50%，提升到 2016 年的 20.40%，各项财务指标也不断优化，营业收入的增长率为 12.83%，超过营业成本的增长率 10.99%，净利润同比增长 7.43%，公司综合毛利率同比提升 1.45 个百分点，每股收益同比提升 7.41%，业绩的改善带来了资本市场上股价的上扬，如图 2-2 所示。

可见，做股票投资也要密切关注大宗商品市场价格走势（可以从期货市场来了解），尤其是资源型公司，以及原材料为大宗商品的公司，产品价格受大宗商品价格的影响较大，原材料价格下滑带来的毛利提升正好是买入的好时机。

图 2-2　上汽集团周 K 线图（前复权）

2.3.4　毛利率及使用方法

毛利率是判断公司产品盈利水平的最重要指标。毛利率的计算方法为：毛利率＝（营业收入-营业成本）/营业收入。它剔除了一些期间费用的影响，完全反映产品生产与销售本身所带来的利润，一般毛利率水平越高，代表产品盈利能力越强，公司竞争能力就越强，抵御成本上升与对手价格战等各种风险的能力也越强。

在年报中的"经营情况讨论与分析"部分，列报了占公司营业收入或营业利润 10%以上的行业、产品或地区情况，详细列明了各项目的营业收入、营业成本、毛利率以及与上年同期的增减对比，这是判断公司产品毛利高低水平的关键信息。

毛利是公司净利润的基础，只有毛利率高的公司才会有较高的净利率，毛利率的高低与众多因素相关。

1. 毛利率与公司所处行业密切相关

一般而言，新兴高科技行业的毛利率较高，例如互联网、机器人、VR 等行业；智力密集型行业的毛利率也较高，例如证券投资、软件开发、管理咨询等行业；而传统行业由于产品同质性高以及竞争激烈使得毛利越来越低，例如煤炭、钢铁、造纸等行业。我们要尽量回避毛利率较低的传统行业，而应选择毛利率较高的代表中国经济发展方向的新兴行业的股票。我们通过年报获取到

2016 年各主要行业毛利率排行榜，如表 2-6 所示。

表 2-6　2016 年各主要行业毛利率排行榜

行业类型	2016 年行业平均毛利率
保险行业	94.12%
证券行业	64.62%
银行业	64.60%
酿酒行业	60.37%
软件行业	39.23%
医药制造行业	31.48%
文化传媒行业	29.72%
食品饮料行业	29.49%
房地产开发行业	27.90%
煤炭采选行业	26.46%
家电行业	25.46%
水泥建材行业	25.19%
电子元件行业	20.84%
商业百货行业	17.48%
钢铁行业	11.29%

从表 2-6 可以看出，目前中国毛利最高的还是金融行业，金融领域也被公认为员工待遇最好（如果单从金融行业的高毛利来看，该行业员工待遇甚至还有进一步提升的空间）。保险行业由于负债经营的特点使得成本占比非常小，主要是一些赔付成本和人工成本，而保费收入以及利用保费收入进行投资获取的投资收益远远覆盖了保险成本，保险行业的本质还是钱生钱，这是中国当今最暴利的行业。

毛利率水平最低的是公认的传统行业钢铁、百货、电子硬件、建材等，如果放在 20 年前，电子行业兴起的时候，电子硬件毛利还是很可观的，但是后来大家都进来做，跟软件比，硬件的门槛太低，以至于现在的电子硬件行业不能再说是一个高科技或新兴行业了。

2. 毛利率与公司所拥有的产品定价权力大小密切相关

竞争优势强的公司，在产品定价上掌握了更多的主动权，可以通过提高产品价格来提高毛利率。这类公司往往生产异质性产品，具有唯一性与特色性，明显区别于其他产品，且其他公司较难模仿，或者模仿成本极高。因此这类公司的毛利率一般较高，也是我们寻找的重点。

如果公司一提价，销量立刻大幅下滑，则表明公司不具有定价权，毛利率只能维持在现有的水平而很难增长，例如百货行业，产品同质性高，竞争激烈，这种行业的公司就要尽量回避。

3．当产品价格类似的时候，影响毛利率的因素就只有产品制造成本或劳务成本了

如果公司能利用成本领先优势，或者发挥规模化集聚效应来有效降低产品生产成本，那么也可以取得较高的毛利率，具有一定的优势。当然比起拥有定价权的公司，通过成本降低来提高毛利率的公司可能竞争性不如前者。

在国内，一般认为毛利率维持在 40% 以上的公司，其产品具有较强的竞争性；而毛利率低于 20% 的公司，说明其所处行业竞争激烈，大部分公司可能只能获取微薄利润，因此应尽量避开这类盈利贫瘠的公司。

选择股票的时候，还应具体分析公司各类不同产品的毛利率水平及变动趋势，以分析各产品在市场中的竞争优势大小。占公司销售总额比重最大的产品，毛利率越高越好。

2.3.5　高毛利率代表行业——游戏行业

我们以软件行业中的游戏开发子行业来说明新兴行业的高毛利率。近年来，互联网、移动互联网技术逐渐渗透进入绝大多数传统产业并改变了许多行业的商业生态，同时也带动了整个互联网经济的发展。

网络游戏等文化产业作为整个互联网经济产业中的一个重要分支，受益于整个互联网经济产业的爆炸式增长而呈现出飞速发展的态势。据游戏工委（GPC）发布的《2016 年中国游戏产业报告（摘要版）》数据显示，2016 年中国游戏市场实际销售收入人民币 1655.7 亿元，较 2015 年增长 17.70%，其中移动游戏超越客户端游戏成为市场主力，市场销售收入达 819.2 亿元，占市场总额的 49.50%；客户端游戏销售收入达 582.5 亿元，占市场总额的 35.20%，网页游戏销售收入人民币达 187.1 亿元，占市场总额的 11.30%。

游戏行业迅速发展，像"魔兽""英雄联盟""王者荣耀"之类的竞技性游戏尤其受到年轻人的追捧，同时由于人们生活节奏的加快以及生活压力的加大，休闲娱乐类的小游戏如消消乐、斗地主、三国杀等很受白领阶层的欢迎，游戏行业逐步步入发展正轨。

在游戏类上市公司中，吉比特（603444）是一家专业从事网络游戏创意策划、研发制作及商业化运营的国家级重点软件企业，位于福建省厦门市。作为一家网络游戏研发和运营商，公司以弘扬中华传统文化为使命，以创造"原创、精品、绿色"网络游戏为宗旨，致力塑造内容健康向上、具有较高文化艺术品位与娱乐体验的精品中华原创网络游戏。根据 2017 年 3 月 App Annie 发布的 2016 年度全球移动应用发行商 52 强榜单，公司位列第 47 名。吉比特近三年的关键业绩指标如表 2-7 所示。

表 2-7　吉比特关键业绩指标

项　　目	2016 年	2015 年	2014 年	2016 年增长率	2015 年增长率
营业收入（亿元）	13.05	3	3.23	335.00%	-7.12%
净利润（亿元）	5.85	1.75	1.94	234.29%	-9.79%
毛利率	95.99%	96.66%	—	-0.67%	—
净资产收益率	78.90%	43.74%	67.72%	35.16%	-23.98%
每股收益（元/股）	10.97	3.28	3.63	234.45%	-9.64%

从表 2-7 可以看出，2016 年度公司营业收入和归属于上市公司股东的净利润同比大幅上涨，这是由于公司本年新上线的游戏《问道手游》表现良好，用户规模及充值金额增长较快。同时游戏行业的高毛利率也给公司带来丰厚的回报，2016 年公司游戏产品的毛利率达到 95.99%，2015 年更高，为 96.66%。

这种盈利能力在国内上市公司当中是名列前茅的，使得公司净资产收益率从 2015 年的 43.74% 提升至 2016 年的 78.90%，每股收益也从 2015 年的 3.28元/股提升到 2016 年的 10.97 元/股。公司各项财务指标的表现十分突出，上市以来公司股价也表现良好，自 2017 年 1 月以 54 元的发行价开始，经过连续 11

个 "一" 字涨停后突破 200 元大关，打开涨停板之后又时不时来个涨停，进阶超 300 元的高价股之列，甚至在 2017 年 3 月 14 日最高涨至 375.18 元，一度超越贵州茅台成为两市最贵股（如图 2-3 所示）。

图 2-3　吉比特日 K 线图

由此可见，高毛利率的行业和公司，具有较强的产品议价、定价能力，也就具有了更强的盈利能力，公司股价表现也越好。当然，笔者认为对于这种游戏、影视等内容创作类公司，最好是避其锋芒，因为作品火爆的时候往往股价已很高；而是选择其作品不及预期，例如开发出一款比较逊色的游戏或者拍了一部烂片导致业绩下滑的时候，反而是比较好的入手机会。

我们不能指望一个游戏公司所开发的游戏个个风靡全国，也不能指望一个影视公司所拍的电影部部大卖，往往会有起有伏，在谷底的时候介入，往往具有比较高的安全边际，是投资内容创作类公司的不二法则。

2.3.6　高毛利率代表行业——医药行业

我们再看医药行业中高毛利率的代表——恒瑞医药（600276）。公司位于江苏省连云港市，主营业务涉及药品研发、生产和销售，现已形成比较完善的产品布局，主要产品涵盖抗肿瘤药、手术麻醉类用药、特殊输液、造影剂、心血管药等众多领域。

恒瑞医药是国内最大的抗肿瘤药、手术用药和造影剂的研究和生产基地之一,市场份额在行业内名列前茅。恒瑞医药近三年的关键业绩指标如表 2-8 所示。

表 2-8   恒瑞医药关键业绩指标

项 目	2016 年	2015 年	2014 年	2016 年增长率	2015 年增长率
营业收入（亿元）	110.94	93.16	74.52	19.09%	25.01%
净利润（亿元）	25.89	21.72	15.16	19.20%	43.27%
毛利率	87.18%	85.05%	82.38%	2.13%	2.67%
净资产收益率	23.24%	24.37%	21.46%	-1.13%	2.91%
每股收益（元/股）	1.1	0.92	0.64	19.57%	43.75%

从表 2-8 可以看到，公司 2014—2016 年各项财务指标稳健增长，毛利率不断攀升，从 2014 年的 82.38%，提高到 2016 年的 87.18%，远远高于医药制造行业 31.56%的平均毛利率水平，表明公司具有突出的产品研发与定价能力，尤其是抗肿瘤药的研发，在国内处于最先进的水平，市场控制能力强。而随着肿瘤患者日益增多，抗肿瘤药的市场发展前景十分广阔，公司发展前景十分看好。我们看一下恒瑞医药近三年的市场表现，如图 2-4 所示。

图 2-4   恒瑞医药周 K 线图（前复权）

从图 2-4 可以看出，恒瑞医药几乎不受 2015 年股灾的影响，股灾砸出来的坑反而是非常好的入场机会，之后便一路飞扬，不断创出历史新高。这种业绩优秀、盈利能力强、经营活动受经济环境影响较小的公司，可以坚持越跌越买的原则，穿越牛熊，加上每年丰厚的现金分红，投资回报率十分可观，是最适宜的价值投资标的。

如果说恒瑞医药保持高毛利率的原因在于抗肿瘤药的研发，那么我们再看另一家高毛利率的制药公司——步长制药（603858）。步长制药位于山东省菏泽市，属于中成药生产行业，主要从事中成药的研发、生产和销售，主要产品涉及心脑血管疾病中成药领域，同时也覆盖妇科用药等其他领域。

公司以"脑心同治论"为理论基础，充分发挥中药在心脑血管用药领域中的重要作用，培育出了脑心通胶囊、稳心颗粒和丹红注射液三个独家专利品种，治疗范围涵盖中风、心律失常、供血不足和缺血梗塞等常见心脑血管疾病。公司主打产品脑心通胶囊、稳心颗粒、丹红注射液的市场地位突出，这三种产品2016 年合计收入达 90.06 亿元。步长制药近三年的关键业绩指标如表 2-9 所示。

表 2-9　步长制药关键业绩指标

项　　目	2016 年	2015 年	2014 年	2016 年增长率	2015 年增长率
营业收入（亿元）	123.21	116.56	103.34	5.71%	12.79%
净利润（亿元）	17.69	35.37	13.24	-49.99%	167.15%
毛利率	83.18%	82.80%	80.42%	0.38%	2.38%
净资产收益率	21.21%	63.78%	31.07%	-42.57%	32.71%
每股收益（元/股）	2.86	5.78	2.16	-50.52%	167.59%

从表 2-9 可以看出，步长制药 2016 年毛利率达到 83.18%，同比提升 0.38个百分点，在医药制造行业里面也是名列前茅的。美中不足的是净利润下滑较严重，主要原因是 2016 年研发支出增加以及合并子公司导致管理费用增加，未来公司净利润有望稳步增长。

2.4　如何判断公司的综合盈利能力

公司的综合盈利能力指的是公司利用股东的资金获取净利润的能力。获取更高的投资回报率，是股东对公司进行投资的最主要目的，衡量投资回报率的常用指标为净资产收益率（ROE）和每股收益（EPS），前者与投入金额大小有关，后者与股本规模有关。本节还将介绍与公司盈利能力密切相关的市盈率（PE）指标的使用，以及对外担保等表外因素对盈利能力的影响。

2.4.1　净资产收益率（ROE）及其使用方法

净资产收益率=净利润/净资产，表明公司利用股东的钱来获取净利润的能力，一般最好超过 10%。除了通过增大分子即增加净利润来提高净资产收益率，在特殊情况下还可以通过减小分母例如减少股份回购来提高净资产收益率。

如何利用净资产收益率来筛选高成长绩优白马股呢？一个简单又常用的方法就是选择连续 5 年净资产收益率在 15%以上的公司，这可以将 A 股当中 95%以上的公司都排除了，对于剩下的公司可以再从现金流、总市值、市盈率等角度来筛选。比如笔者常用的条件就是，自由现金流量近 5 年之和大于 0，总市值不高于 500 亿元，市盈率不高于 30，以上条件组合筛选出的往往是可以长期持有的优良标的。

2.4.2　每股收益（EPS）及其使用方法

每股收益=当期净利润/发行在外股数，综合反映了公司股份每股对应的盈利能力，每股收益越高，表明盈利能力越强，越能支撑更高的股价。

我们通过研究一周之内大涨超过 30%的股票，结果发现其中 70%的股票最新季报的每股收益比之前平均上涨了 70%以上，其余当季每股收益并没有较大增幅的股票，其下一季度的每股收益平均增长了 80%以上（说明主力已在季报公开之前提前布局）。我们会发现每股收益增长率是如此重要且有效的指标，不管是在牛市还是熊市，业绩永远是最有说服力、最可靠的投资依据，收益好的公司基本不会担心"泡沫"的破灭，反而会步步高升，表现强势，要做就做最强势的股票。

还要注意一个小问题，我们经常会计算同比或环比收益的增长率，该选择哪一个指标比较好呢？应该选择同比指标，环比指标是一个说服力较弱甚至可以被忽略的指标，这是由于公司的经营往往具有一定的季节性或周期性特征，将两个相同的时段放在一起比较才有意义。

例如白酒行业，一季度往往是消费高峰（春节期间），拿一季报跟去年四季报进行环比分析意义不大，而应该跟全年一季报进行对比，计算同比增长指标，才会发现业绩是更好了还是更差了。在使用同比指标的时候，也要稍微注意相互比较的两个期间是否存在明显差异。

比如 2017 年 2 月与 2016 年 2 月，这两个月份的空调购销数量应该会有较大的差异，因为 2016 年春节在 2 月，受春节假期效应影响基本无购销活动；而 2017 年春节在 1 月，2 月开始各项购销活动，因此同比指标大增，但这并不能说明空调行业在 2017 年 2 月全面复苏。因此相互比较的两个期间差异越小，比较越有意义，比较的结果也越有说服力。

2.4.3 市盈率（PE）及其使用方法

严格来讲，市盈率并不是判断公司盈利能力的标准指标，而更应该属于判断公司目前估值以及入场时机的重要指标。但市盈率的计算涉及每股收益，因此我们在本章阐述市盈率及其使用方法。

市盈率=每股价格/每股收益，它是判断公司估值高低的最重要、最常用的指标。我们可以将一个公司的市盈率与其他公司或者是行业平均水平的市盈率进行比较，来判断公司目前是低估了还是高估了，并初步做出是否适合入手的判断。

怎样根据市盈率预测公司股价呢？由于市盈率=每股价格/每股收益，因此每股股价=每股收益×市盈率，而每股收益=净利润/总股数，市盈率可以选择公司所处行业的平均市盈率水平。

这里以上市公司小天鹅（000418）为例来说明。公司在 2016 年实现净利润达 11.75 亿元，发行在外的总股数为 6.32 亿股，每股收益为 1.86 元/股，公司所在家电行业的平均市盈率为 19.66，因此合理的基本股价为 19.66×1.86=36.56 元，当市价低于该价格时即可买入，高于该价格时可考虑抛出。

当然，如果公司成长性比较好，市场可能会给一个高于行业平均水平的市盈率估值，那么公司股价就会高于合理的基本股价水平，尤其是一些行业内具有领先优势的业绩好于其他公司的龙头企业，股价会经常被高估，需要保持耐心来寻找偶尔被低估的买入机会。

市盈率越低，就越适合买入吗？当然不是，银行股市盈率在所有行业中是相当低的，但是除牛市来临所有股票都鸡犬升天的情况以外，银行股有过可观的涨幅吗？在港股里面几毛甚至几分钱的"仙股"比比皆是，市盈率低到人见人怜，但就是涨不起来，没有人去碰，这跟商场里面"便宜没好货"是一个道理，给它的估值就是合理的，除非它的业务和业绩有新的亮点，带来股价和市盈率的攀升，不然就一直趴在原地，今天涨几分几毛，明天又退回几分几毛，出于资金时间成本的考虑，这种股票即使市盈率低，也还是不碰为好。

不同行业有不同的市盈率水平，影响行业市盈率高低的因素主要是行业增长速度和增长前景，具有广阔发展前景和较快增长速度的行业和公司，普遍会给予更高的估值。

例如高科技行业，如人工智能、大数据、物联网、生物基因检测等；而传统行业，如银行、钢铁、煤炭、造纸、电力等，由于成熟度高不会再有爆发性增长，行业发展遇到天花板，甚至有的行业开始步入衰退期，市场就会认为公司增速减缓甚至下降，给它的市盈率估值就会低很多。

与成长类公司相比，周期性行业、消费类行业更适合采用市盈率来确定入场时机。例如电影行业，在拍了烂片市盈率大幅下滑的时候买入，在拍了好片市盈率大幅上升的时候卖出是一个不错的策略。

中国电影素有大小年之分，例如票房屡创历史新高的 2015 年、2016 年就是大年，代表作品如《捉妖记》《美人鱼》等，在电影大年，影视公司卖座电影迭出，业绩十分亮眼，市场也往往倾向于认为这种繁荣会持续下去，从而给予较高的估值，导致电影公司股价高企，市盈率随之提高，这是很好的买入时机吗？

除非你十分看好一个公司的前景并打算长期持有，否则在电影大年买入高估的影视股票实在不是一个明智之举，因为靠内容的公司都有一个共同特征，就是内容会时好时坏，拍出卖座电影之后，就可能难以突破，继而拍出低于公众预期的电影，使得业绩下滑，市盈率随之下跌，而此时往往是买入的好时机。

再比如在游戏行业中，"愤怒的小鸟"曾风靡一时，但它的创始人在其最红火的时候将它出售，其实这是一个懂得该行业规律的明白人，收购方后来无论是开发类似的游戏还是新游戏，都难以达到最初那版风靡的程度。

还有类似的开心农场，创作者后来再也没有推出第二个如此火爆的游戏。周期有低潮、高潮，这是再正常不过的规律了，分别对应着低市盈率、高市盈率，在市盈率下滑至低谷的时候买入，上涨至高峰的时候卖出，这是操作周期股的不二法门。

我们常见的交易软件会有滚动市盈率和动态市盈率的说法，滚动市盈率=当前股价/过去四个季度平均每股收益=当前总市值/过去四个季度净利润之和；动态市盈率指的是根据最新价格重新计算的市盈率，即动态市盈率=当前股价/预测的年度每股收益=当前总市值/预测年净利润，其中预测年净利润可为最新一季的净利润×4，因此动态市盈率实际上是一个预估数，与该年的实际市盈率水平往往有偏差，在使用时要考虑到其合理性。

举例说明。假设A公司2016年实现净利润达8000万元，股本数为1亿股，每股收益即为0.8元/股；目前股价为16元，那么该股市盈率为16/0.8=20。假设现在是2017年一季度，公司实现净利润达3000万元，那么预测2017年度可实现净利润为3000×4=1.2亿元，则每股收益为1.2元/股，动态市盈率即为16/1.2=13.33，低于2016年的市盈率20；如果维持2016年的市盈率不变的话，股价应该为20×1.2=24元，因此目前16元股价的水平就很有可能被低估了，从而存在很好的入手机会。

市盈率还有一个作用，就是用来判断卖出时机。判断原则是，当公司股价所对应的市盈率达到或超过净资产收益率的两倍时，稳健的投资者就可以考虑择机将其抛售，等到市盈率降至净资产收益率的两倍以下时，再考虑将其买入。这是国外股票投资文章中经常出现的操作手法，可供借鉴。

2.4.4　影响盈利能力的其他因素分析

影响盈利能力的其他表外因素主要是担保，尤其是巨额债务担保。如果公司为其他公司提供了巨额债务担保，当其他公司出现不能偿还债务的情况时，公司就要承担担保责任，那么公司的经营成果就要受被担保单位的债务偿还能力所影响，当这种担保责任变成现实的时候，公司的利润就会受到损害。

2017 年 3 月 27 日，齐星集团债务危机爆发，公司组织债权人会议在邹平召开，宣布欠银行债务达 70 亿元，欠非银行机构债务约为 40 亿元。曾经作为山东省滨州市邹平县支柱企业之一的齐星集团基本全面停产，并将 36 家金融机构卷入其中，对于这则消息，第一个反应就是齐星集团股价肯定要暴跌了；第二个反应应该是还有哪些当事方。

通过查询齐星集团年报中的"债务及其担保情况"部分，我们发现，除作为债权人的金融机构以外，还有一家上市公司——西王集团作为贷款的担保方，也被牵涉其中且金额巨大。

我们顺藤摸瓜，又查询了西王集团 2016 年的相关公告，发现根据西王集团"17 西王 SCP002"募集说明书中披露的对外担保信息，西王集团与齐星集团为互保关系，西王集团对齐星集团的贷款提供连带责任担保，即齐星集团不能偿还债务时，债权人可直接要求西王集团偿还全部被担保债务，截至 2016 年 6 月末，担保总金融达到 24.44 亿元。

如果真正代为偿还，那么西王集团直接减少利润总额达 24.44 亿元，严重削弱了盈利能力。我们看齐星集团与西王集团旗下的上市公司齐星铁塔与西王食品在该消息公布日之后第一个交易日的市场反应，毫无悬念地大跌，如图 2-5 和图 2-6 所示。

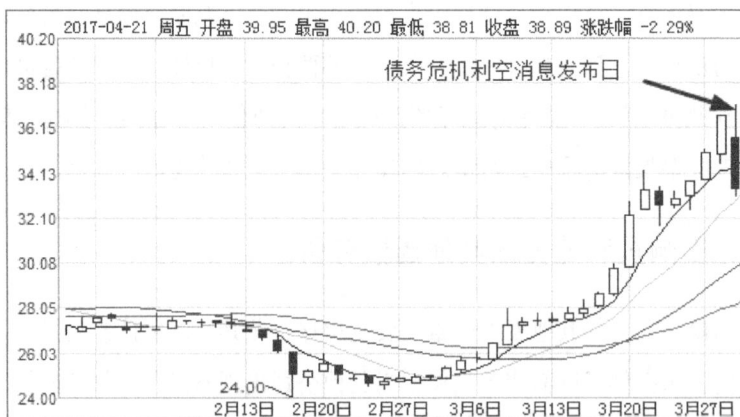

图 2-5　齐星铁塔日 K 线图

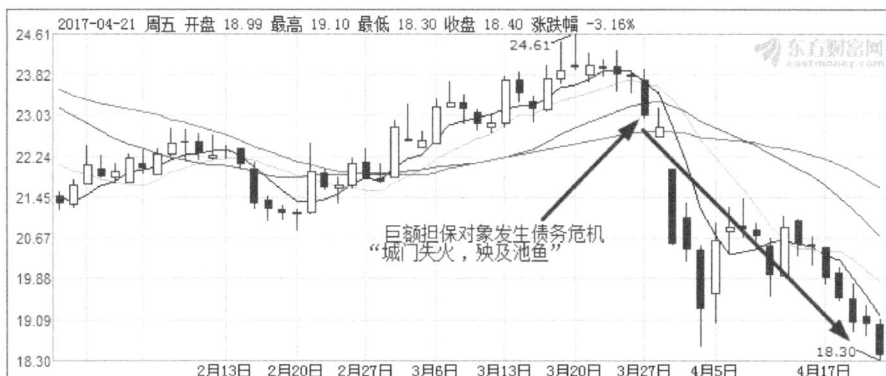

图 2-6　西王食品日 K 线图（巨额担保对象发生财务危机）

2.5　案例：盈利能力决定投资价值——贵州茅台，还是五粮液

为说明公司盈利能力对公司价值的影响，我们选择白酒行业里的两家航母级企业——贵州茅台（600519）与五粮液（000858）进行对比分析。首先，通过搜集两家公司 2006—2015 年十年的营业收入、净利润数据，分析收入、利润规模的变化；其次，计算十年间的毛利率与净资产收益率，揭示盈利能力的强弱；最后，对照十年间的股价变化，说明公司盈利能力与股价息息相关，盈利能力越强的公司，其股价涨势越持久，越值得投资。

首先从绝对规模上来对比，如图 2-7 所示，我们可以看出，在 2006—2015 年的十年间，贵州茅台营业收入一直保持上涨态势，从 49.03 亿元持续增加至 2015 年的 334.47 亿元，翻了 5.8 倍，更难得的是，在这十年时间里，从未有过哪怕一年的收入出现下滑，这是何其可贵啊！

反观五粮液，在 2012 年之前的营业收入还是超过贵州茅台的，但从 2013 年开始，受中国政府重拳反腐、"三公消费"断崖式下跌的影响，营业收入开始大幅下滑，从 2012 年的 272.01 亿元，下滑至 2014 年的 210.11 亿元，之后才开始止跌企稳并小幅增长，但贵州茅台在此期间却一直保持强劲的上涨态势。从营业收入这一点来看，贵州茅台优于五粮液。

从净利润来看，贵州茅台更是呈现出碾压的态势，即使 2012 年及之前的年份，五粮液的收入高于贵州茅台，但净利润从未超过贵州茅台，这说明贵州茅台的净利率肯定要高于五粮液，贵州茅台的溢价水平更高，消费者愿意支付更高的价格来品尝国酒独一无二的口味，愿意为品牌买单，产品获取超额利润，这就是赚钱的生意。从净利润来看，贵州茅台再次优于五粮液。

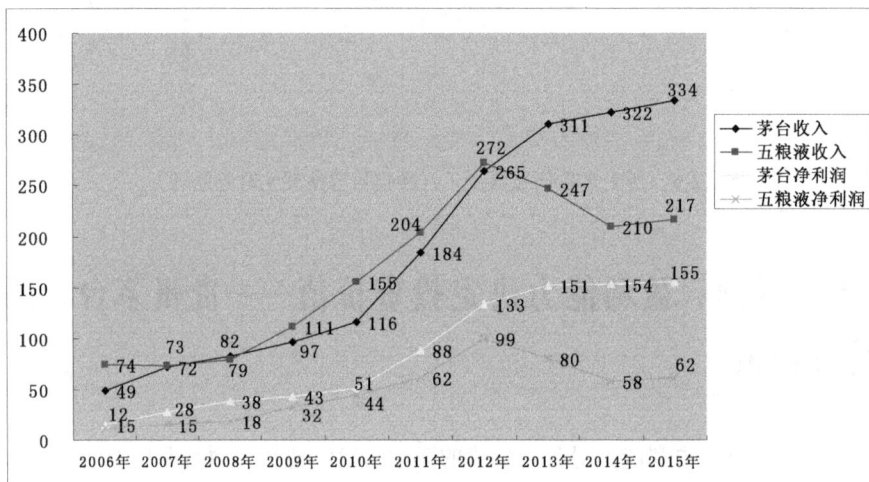

图 2-7　贵州茅台与五粮液营业收入和净利润对比图

然后从相对盈利能力指标上来对比，如图 2-8 所示，我们可以看出，贵州茅台即使在收入不及五粮液的几年里，净利润也仍然高于五粮液，原因就是它的高毛利率。

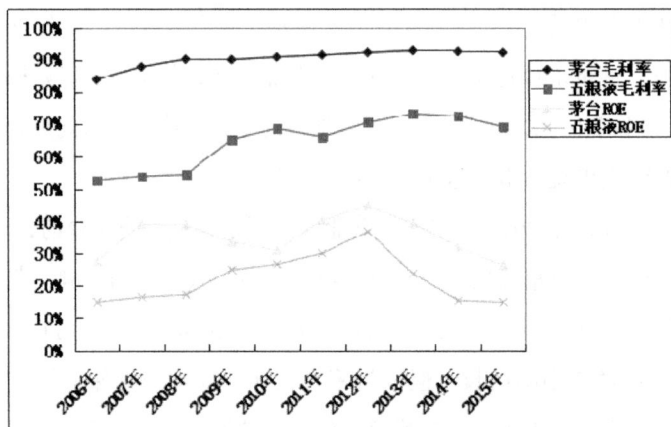

图 2-8　贵州茅台和五粮液盈利能力指标对比图

在 2006—2015 年的十年时间里，贵州茅台的毛利率始终位居白酒行业的第一位，从 2008 年开始一直处于 90% 以上。也就是说，贵州茅台花 10 元成本酿造的酒，至少可以卖到 100 元！这在众多上市公司里面也是遥遥领先的，这种高毛利率的产品一般享有专有生产技术，品质独一无二，找不到类似的替代品，且被消费者所接受并愿意为其溢价买单。

从净资产收益率（ROE）来看，贵州茅台也始终位于五粮液之上，表明贵州茅台的股东能获取更好的回报。

巴菲特认为，"坚不可摧的经济特许权正是企业获得持续超额利润的关键所在，一项经济特许权的形成，来自于具有以下特征的产品或服务：

- 它是顾客需要或希望得到的，即它有市场需求；
- 产品具有唯一性，市场上找不到类似的替代品；
- 不受价格上的管制。"

以上三个特征的存在，表明一个公司能够对其所提供的产品或服务进行主动提价，从而获得更高的毛利率与资本回报率。

下面我们再从市场表现上来对比一下贵州茅台和五粮液，两家公司的股价表现如图 2-9 和图 2-10 所示。

图 2-9 穿越牛熊不断创新高的茅台股价图（月 K 线图，2007—2017 年）

从图 2-9 可以看出，贵州茅台股价从 2006 年年初的 45.4 元涨到 2015 年年底的 218.19 元，翻了 3.8 倍，截至笔者撰写本书的 2017 年 3 月 15 日为 374.68 元，总市值达到 4859 亿元。产品独一无二，公司享有定价主动权，同时消费者愿为品牌支付溢价，这就是最赚钱的公司与最赚钱的生意。

图 2-10 五粮液股价变动图（月 K 线图，2007—2017 年）

反观五粮液，股价自从 2007 年大牛市中创出 51.49 元之后，目前还没有突破该价位，市值增长幅度较为有限，仅为 1641 亿元，已被贵州茅台落下数个身段。

案例再次印证，公司盈利能力是股价上涨最直接的推动力，选择盈利能力强、毛利率高、具有一定定价权的公司就等于选择了一棵摇钱树，值得长期栽培。

第 3 章

如何通过年报判断公司发展前景

公司发展前景解决的是公司发展速度及其发展持续性的问题，关系到公司估值与定价，一般而言，在不考虑其他因素影响的前提下，公司持续发展的速度越快，市场给公司的估值就会越高，这就是为什么创业板公司很多业绩不如主板大盘公司，但是市盈率却经常高于主板公司的原因，市场给予了更多的对其未来发展的期望。

在年报当中会有相当大的篇幅来介绍公司业务背景、所处行业发展状况以及公司发展前景分析，分布在"公司业务概要"和"管理层讨论与分析"部分，值得投资者仔细阅读与重点研究。当然，要注意年报中往往会倾向于乐观看待公司及行业发展前景，需要通过一定的科学方法，客观、全面地分析公司发展能力。

判断公司发展前景离不开公司所处行业的影响，甚至可以说行业发展决定了公司发展，在一个时代风口上的行业里，猪都会飞起来；在一个日薄西山的行业里，往往公司再怎么努力也难以抵挡大势的衰退，泥沙俱下，覆巢之下安有完卵，因此对长期投资来讲，选对行业，就保证了成功的开头。

本章将分析处在不同行业生命周期中的公司特征，并研究国家政策对公司发展的影响，探讨目前各种政策下的投资机会，并遵循经济社会发展的趋势，对未来发展前景看好的、有望成为未来主角的行业及公司进行梳理与推荐。

3.1 如何判断公司所处行业的发展阶段

处于不同行业的公司，其发展前景受所处行业的发展阶段影响重大。判断行业发展阶段，就成为判断公司发展能力的重要前提和依据。成长性行业与成熟期行业的公司在发展能力上存在很大的不同，两者的投资方法也不相同。

3.1.1 什么是行业生命周期理论

行业从诞生开始，一般会经历初创期、成长期、成熟期、衰退期四个阶段，例如新兴的 VR 行业就处于初创期，而互联网行业仍然处于成长期，家电、汽车、服装等行业处于较为成熟的阶段，钢铁、煤炭、化工、造纸等则处于国家限制产能的衰退期。需要注意的是，每个行业都可能衍生出很多子行业，大行业与子行业所处的生命周期有可能不同。例如，整个轿车行业可能整体上处于成熟期，但新能源汽车则处于初创期与成长期，因此对行业的发展要以一种辩证动态的眼光来看待。

处于初创期的公司主要投资者是天使投资人、VC（风险投资资本）、PE（私募股权投资基金），发展壮大之后进行 IPO 才能进入普通大众的投资范围；处于衰退期的公司也不在我们的投资范围以内，因此本书重点讨论成长期和成熟期行业的投资方法。

3.1.2 如何判断公司行业处于生命周期的哪个阶段

判断公司所处行业的属性可以借助以下指标：

- 营业收入增长率，一般处于成长期的公司，增长率会高一些；而处于成熟期的公司，增长率会低一些且较为稳定。

- 行业新增加的公司数量，处于成熟期的行业，蛋糕已开发殆尽，新进入者会越来越少；而处于成长期的行业，新进入者会越来越多。
- 毛利率水平，处于成熟期的行业由于竞争激烈，产品供应充足，毛利率会越来越低；而处于衰退期的行业有时会发生全行业大幅亏损的现象。例如 2015 年年底，煤炭开采行业由于煤炭产能严重过剩、煤价出现历史性低点而导致 90%以上的煤企发生亏损。

分析公司所处阶段对我们进行投资战略的选择具有重要的参考意义。对于处于初创期和成长期的公司，我们经过精心挑选之后要有耐心，做好长期持有的打算，争取充分分享公司成长壮大阶段的红利，一般而言，成功的新兴公司会在第 5～10 年进入盈利增长的黄金时期，增长快而且稳定，因此最好在增长阶段的初期就要密切关注它们；对于处于成熟期的公司，我们持有主要是出于安全考虑，或者为了获取它的高分红，因为处于成熟期的公司继续大额投资的可能性已不大，这时出于提高资金使用效率以及净资产回报率的考量，股东会提议采取高分红策略；而处于衰退期行业的股票则尽量不碰，风险报酬比不划算，除非你确定它是行业龙头公司，即使这个行业消失了，它也是最后一家倒闭的公司，但又何必去冒风险呢？

3.1.3 成长性行业的特点与投资方法

成长性行业具有以下特点。

（1）大部分成长性行业都是依托某个比较成熟的规模比较大的市场衍生而来的，服务于该市场，创造与发现新的市场需求，并表现出较强的增长能力。

我们以新兴电子行业中的中颖电子（300327）为例来说明。中颖电子位于上海市金钟路，是家电主控单芯片最大的国产芯片供应商，受益于我国已发展成为全球最大的家电、电子产品制造基地，而且在国家政策上积极支持芯片国产化，公司在家电领域的市场份额持续增长，锂电池管理芯片的销售也因为应用更为广泛，而得以快速增长。中颖电子近三年的关键业绩指标如表 3-1 所示。

表 3-1　中颖电子关键业绩指标

项　　目	2016 年	2015 年	2014 年	2016 年增长率	2015 年增长率
营业收入（亿元）	5.18	4.11	3.71	26.03%	10.78%
净利润（亿元）	1.08	0.50	0.31	116.00%	61.29%
毛利率	44.19%	42.17%	36.41%	2.02%	5.76%
净资产收益率	16.35%	8.39%	5.41%	7.96%	2.98%
每股收益（元/股）	0.57	0.27	0.18	111.11%	50.00%

从表 3-1 可以看出，中颖电子近三年的营业收入和净利润大幅增长，尤其是净利润的增速 2016 年达到 116.00%，远远高于营业收入的增速，这是由公司毛利率逐年提高带来的，公司的股东回报率和每股收益也在不断优化，体现出良好的成长性。未来随着家电消费的进一步升级，以及芯片的进一步国产化，公司发展前景非常看好，可以作为成长股长期持有。

（2）传统行业加入了新兴元素，助力公司快速成长，也可以被视为新的成长性行业。

例如，软件行业一般要依附于某些产业的发展，当新的业务场景出现时，其相应的信息化需求就会给软件行业带来发展机遇，因此只要有新的行业、新的公司出现，或者原有的公司对信息化有升级的需求，那么软件行业就会发展得越来越好。在新兴行业领域，例如国家倡导的"互联网+"战略、云计算、大数据、物联网等，就需要各种各样的软件来实现。

久其软件（002279）——位于北京市海淀区，作为国内领先的管理软件提供商，致力为政府部门和企业集团提供信息化产品、解决方案及管理咨询服务，在电子政务和集团管控两大业务领域保持市场领先地位。

电子政务是政府大力提倡的提高政府办事效率的惠民工程，业务发展前景广阔，公司围绕行政事业单位资产管理、统计、财务管理、监管服务等领域，深入布局财政、教育、民政、交通、司法、卫生等行业，助力政府客户提升其公共服务和行政管理能力。

集团管控软件则服务于企业各项管理需求，例如全面预算系统、风险管理系统、绩效管理系统、成本核算系统、合并报表编制系统、财务分析系统等，也是一个增长迅速的企业服务领域。久其软件近三年的关键业绩指标如表 3-2

所示。

表 3-2　久其软件关键业绩指标

项　　目	2016 年	2015 年	2014 年	2016 年增长率	2015 年增长率
营业收入（亿元）	13.21	7.17	3.27	84.24%	119.27%
净利润（亿元）	2.19	1.35	0.73	62.22%	84.93%
毛利率	58.06%	65.97%	94.99%	−7.91%	−29.02%
净资产收益率	10.60%	10.19%	10.04%	0.41%	0.15%
每股收益（元/股）	0.40	0.27	0.17	48.15%	58.82%

从表 3-2 可以看出，久其软件近三年保持了良好的发展势头，各项财务指标均不断优化，营业收入与净利润的增长率均保持在 60%以上，而且是在没有收购兼并情况下的内涵式发展，可以初步判断公司处于生命周期中的成长期。虽然从毛利率来看有所下滑，但也维持了 58.06%的高毛利率，显著高于软件行业 39.23%的平均毛利率水平，公司处于快速成长的阶段，可以考虑介入。

3.1.4　成熟期行业的特点与投资方法

我们再看成熟期行业。成熟期行业的典型特征是市场比较饱和，行业内公司业绩比较稳定，很少再会有大的趋势性的上涨机会，当然也还没有到衰退下滑的地步，往往表现为一定的波动，今年好一些，明年退步一些，后年又变好了……以服装行业为例，作为生活必需品与日常消费品，我国服装行业的市场化程度较高，市场竞争较为激烈，基本处于行业发展周期的成熟阶段，这里以做男装的海澜之家（600398）、七匹狼（002029），做女装的朗姿股份（002612）为例，来说明成熟期行业的特点与投资方法。

海澜之家（600398）——位于江苏省江阴市，是国内男装行业龙头公司，主要经营业务为"海澜之家"品牌服装连锁经营，海澜之家定位于商务、时尚、休闲的大众平价优质男装。2016 年实现营业收入达 170 亿元，净利润为 31.23 亿元，同比分别增长 7.39%、5.74%，基本每股收益为 0.7 元/股，提升 0.04 个百分点，加权平均净资产收益率为 34.64%，连续 5 年处于 30%以上，销售毛利率为 38.99%，高于服装行业 29.60%的平均水平，业绩发展十分稳健。

七匹狼（002029）——位于福建省晋江市，公司主要从事"七匹狼"品牌男装的设计、生产和销售，主要产品包括衬衫、西服、裤装、夹克衫、针织衫等，相关产品通过直营与加盟相结合的方式在线上线下进行销售。公司经营的一大亮点是近年来通过商业模式转型所提出的"实业+投资"战略，一方面不断深化七匹狼主品牌的改革和调整；另一方面也在积极推进投资工作，立足于服装行业，围绕着时尚和大消费领域，力图通过投资的方式参与到新的商业模式和业态当中，打造时尚消费投资平台，以投资促发展。七匹狼近三年的关键业绩指标如表 3-3 所示。

表 3-3　七匹狼关键业绩指标

项　　目	2016 年	2015 年	2014 年	2016 年增长率	2015 年增长率
营业收入（亿元）	26.4	24.86	23.91	6.19%	3.97%
净利润（亿元）	2.67	2.73	2.89	−2.20%	−5.54%
毛利率	43.88%	42.79%	44.44%	1.09%	−1.65%
净资产收益率	5.24%	5.57%	6.17%	−0.33%	−0.60%
每股收益（元/股）	0.35	0.36	0.38	−2.78%	−5.26%

从表 3-3 可以看出，七匹狼近三年的经营业绩指标呈现出稳健中有所波动的特点，营业收入有所增长，但增幅十分有限；净利润、净资产收益率、每股收益有所下滑，但下滑幅度也十分有限；毛利率则是有增有减，但变动幅度也很小。这就是典型的成熟期行业的公司特点。

朗姿股份（002612）——公司致力品牌女装的设计、生产与销售，主攻中高端女装市场。女装市场细分化程度高，女装品牌的市场定位除针对年龄层次的不同外，职业、收入、受教育程度和爱好等也是品牌拥有者在选定目标顾客时需要重点考虑的因素，同时女装市场具有竞争企业众多、市场集中度低的产业特征。

从 2016 年开始，公司以女性时尚产业为基础，依托资本、渠道、客户、人才优势和在时尚文化领域的影响力，积极拓展绿色婴童、医疗美容和化妆品等时尚相关产业，目前已形成以时尚女装、绿色婴童和医疗美容为主的多产业互联协同的泛时尚生态圈，这三部分业务收入占比分别为 71.44%、21.50%、

7.06%。朗姿股份近三年的关键业绩指标如表 3-4 所示。

表 3-4　朗姿股份关键业绩指标

项　　目	2016 年	2015 年	2014 年	2016 年增长率	2015 年增长率
营业收入（亿元）	13.68	11.44	12.35	19.58%	−7.37%
净利润（亿元）	1.64	0.74	1.21	121.62%	−38.84%
毛利率	57.56%	58.94%	60.65%	−1.38%	−1.71%
净资产收益率	6.90%	3.25%	5.06%	3.65%	−1.81%
每股收益（元/股）	0.41	0.19	0.30	115.79%	−36.67%

　　从表 3-4 可以看出，公司近三年的业绩也是有增有减，且波动较大，主要是公司经营策略导致的。2015 年业绩大幅下滑的原因是实体经济的低迷、市场需求的弱化，2016 年业绩较好的原因是拓展了婴童、医疗等新的业务类型。这也是典型的成熟期行业的公司特征，业绩具有周期性波动的特点。

　　我们来看这三家公司的股价表现情况，如图 3-1、图 3-2、图 3-3 所示。

图 3-1　七匹狼月 K 线图（前复权）

图 3-2　海澜之家月 K 线图（前复权）

图 3-3   朗姿股份月 K 线图（前复权）

从图 3-1、图 3-2、图 3-3 可以看出，从 2012 年到 2017 年，除服装行业龙头公司海澜之家的股价有了实质性的提升以外，其余两家公司的股价并未有明显上涨的趋势，与 6 年之前相差不大，即使在 2015 年的牛市当中出现快速拉升，但随后也是迅速跌落，跌至一个较低价位的箱体区间长期徘徊，如果资金追高的话就很容易被套，而且被套之后股价又长期不动，这是一件很煎熬的事情。

通过服装行业我们就可以看出成熟期行业的投资方法：一是精选龙头公司，选行业中竞争能力最强的公司，例如海澜之家，并且找低位介入，尽量避免追高；二是在股价处于较高水平的时候要注意及时退出，成熟期行业的公司由于受到衰退预期的威胁，股价涨幅有限，当出现急速拉升或者牛市当中鸡犬升天的情况时，往往就是落袋为安的时候，否则就很难再找到更好的出手价格了。

整体来看，笔者认为成熟期行业的公司投资难度较大，尤其是处于成熟期末尾、经常出现业绩下滑的情况，说明衰退期或许不远，绝对不再适合长期持有。

3.1.5   行业轮动

我们来谈一下行业轮动。不止一个行业有自己的运动规律，行业与行业之间，尤其是有关联的行业之间往往也会存在着一种荣辱与共、唇亡齿寒、轮流成长的关系。

例如，从 2015 年下半年开始，到 2016 年下半年，我国房地产市场再度红火起来，从深圳等一线城市开始，到武汉、合肥、南京、厦门等二线城市，房价开启了新一轮暴涨，以至于 2017 年年初"两会"上政府呼吁"房子是用来住的，不是用来炒的"，之后多地即刻展开严厉调控才及时使房价悬崖勒马。那么房价涨起来之后，利好的是哪些行业呢？

首先，房地产行业首当其冲，现金流充沛的龙头企业万科被各路保险资金虎视眈眈，先后有姚振华的"前海系"资金与许家印的"恒大系"资金大举介入，使得大象股也飞奔起来。

其次，房地产繁荣直接带来建筑、建材、工程机械行业的复苏，使得这些行业得以摆脱三年多的萎靡状况。

最后，地产行业复苏带动了家电行业与室内装修装饰行业。由于房地产公司大部分卖的是期房，签订合同后收买房者的款，利用买房者的钱盖房子，盖好入住大概需要 1~2 年，入住的时候总要买些家具和装修，空调（格力、美的）、衣柜、桌子、沙发（索菲亚、好莱客、德尔家居）、厨房用具（老板电器、浙江美大）总要有，对生活有更高追求的会装个集成吊顶（友邦吊顶），进行精装修（兔宝宝）。

因此，2017 年最大的机会在家电、家居和装修装饰行业，从年初家电股的上涨就能看出端倪。从 2015 年年底到 2017 年年初，从相关股票的走势印证了行业轮动的规律，如图 3-4 至图 3-11 所示。

图 3-4　万科遭到保险资金轮番举牌（周 K 线图，前复权）

图 3-5   徐工机械在地产复苏带动下走出复苏行情（周 K 线图，前复权）

图 3-6   建材龙头企业海螺水泥跟随地产复苏走出反转行情（周 K 线图，前复权）

图 3-7   家电龙头企业格力电器于 2015 年下半年率先启动（周 K 线图，前复权）

从图 3-4 到图 3-11，先是地产行业先行，随后拉动机械和建材行业，然后家居行业尾随而来，行业轮动规律确实存在。发现行业轮动现象的意义在于，当一个行业开始复苏，行业内的上市公司股票开始启动时，如果错过了，不要紧，只需要盯着与该行业相关的上下游行业的机会，它的复苏迟早会带来相关行业的复苏，那么我们就可以提前埋伏在还处于低位、尚未启动的板块中，等风吹来，从而把握确定性比较大的机会。

图 3-8　家电大白马老板电器于 2015 年四季度跟随地产复苏周期启动（周 K 线图，前复权）

图 3-9　家具定制龙头企业索菲亚于 2016 年年初启动（周 K 线图，前复权）

图 3-10　家居集成吊顶行业龙头企业友邦吊顶于 2016 年年初启动（周 K 线图，前复权）

图 3-11 室内装修装饰行业白马股兔宝宝于 2016 年年初开始启动（周 K 线图，前复权）

3.1.6 成长股和周期股的对比与选择

接下来我们看一个很重要的问题，刚开始投资的人都会碰到，那就是成长股和成熟股（通常也被叫作周期股）孰优孰劣？该选择哪一个？

这可能是一个伪命题。成长股的优势在于业绩增长较快，市值尚不大，发展潜力较大，它们往往分布在新兴行业里，代表了新的技术、新的市场、新的生产力，是未来的发展方向。周期股前已述及，大多分布在传统行业中，那么对成长股和周期股该如何抉择呢？

成长股的优势不少，在牛市当中也往往会一马当先，率先揭竿而起，正所谓轻舟已过万重山，盘子小往往会被庄家盯上，而高成长性也会带来更高的估值，市盈率往往低则 50，高则上百，甚至数百，历年来的妖股往往是成长股。

但同时，成长股的缺点也很明显，那就是很难选到真正的成长股，而万一成长被证伪，那么等待它的就是嗜血的屠杀，面临估值过高的修复以及成长证伪的修复——"戴维斯双杀"，结果就是怎么涨起来的就怎么跌回去，尘归尘，土归土；这就是高收益、高风险的集中体现。

而周期股相对踏实一些，你可能不会指望它一夜暴富，但它也不会让你一贫如洗，如果选择成熟期行业里面的龙头公司，则还会给你相当可观的红利回报，所以如何抉择，完全看个人风格与个人权衡。

第 2 章讲的市盈率指标，在成长股和周期股上面运用的时候，你会发现它对周期股更适用。对成长股而言，市盈率很低的股票，往往会趴着一直不动，表明它的技术并无优越与领先之处；而领导者反而步步高升，市盈率高得吓人，尤其是在牛市当中，群情激昂，被看好的成长股往往会进一步被看好，千万不要因为市盈率看似过高就错过了表现惊人的股票。

与成长股相比，周期股的市盈率往往较低，这是投资者对其成长性的赋权。对于周期股，逢低市盈率买入，高市盈率卖出，做波段收益，是一个风险较低的选择。

3.2 国家政策对公司发展的影响分析

国家产业政策对一个行业的发展会产生重大影响，往往会创造出一个新生行业，或推动现有行业规模再上一个台阶，强力促进行业内公司的发展。例如，近几年国家对环保行业的重视，直接开启了万亿级别的市场盛宴，2015年年初柴静的《苍穹之下》更是刺激环保行业风骚一时，风头无两。以环保行业里的清新环境（002573）为例，从2015年年初开始，一直保持上涨态势，如图3-12所示。

图3-12 清新环境在2015年年初的环保股上涨盛宴中的表现（月K线图）

既然国家政策对行业发展有如此大的影响，那么研究国家政策及其带来的投资机会就是一项很有意义的工作。我们梳理了目前国家的一些重大政策，并对其中的投资机会进行了分析。

3.2.1 "一带一路"

"一带一路"是 2015 年提出的国家级顶层战略，它是"丝绸之路经济带"和"21 世纪海上丝绸之路"的简称。它充分依靠中国与有关国家既有的双多边机制，借助现有的区域合作平台，利用古代丝绸之路的历史符号，高举和平发展的旗帜，积极发展与沿线国家的经济合作伙伴关系，共同打造政治互信、经济融合、文化包容的利益共同体、命运共同体和责任共同体。

"一带一路"的本质还是基建与贸易，借助国家战略来推动"一带一路"沿线国家的基础设施建设，构建跨国的交通路线，连通海洋与陆地，加强贸易与经济交流，促进各国经济发展。因此在"一带一路"行情下，资金攻击的行业路径一般为：基建→工程机械→建材→港口→海运，并且往往会按图索骥，也就是炒地图，沿着"一带一路"沿线，寻找上述行业当中的上市公司，一般是先炒新疆板块，再炒西藏板块，最后炒福建板块。下面我们来推荐其中最受益的个股，投资者可以重点关注。

中国建筑（601668）——我国建筑行业航母级领军企业，是我国专业化经营历史最久、市场化经营最早、一体化程度最高的建筑地产综合集团之一。公司主营业务范围包括房屋建筑工程、基础设施建设与投资、房地产开发与投资及勘察设计，同时积极拓展海外业务，是中国最大的国际工程承包商之一。公司经营区域分布于全球 50 多个国家和地区，实现了对"一带一路"重点市场的覆盖。

2016 年实现营业收入达 9597.65 亿元，同比增长 9%；净利润为 298.7 亿元，同比增长 14.60%，在体量如此巨大的前提下还能实现两位数的业绩增长，确实难得；基本每股收益为 0.96 元/股；同比提升 14.30%；加权平均净资产收益率为 15.87%；同时每年分红也比较可观，是长期持有的优良标的。

中国交建（601800）——全球交通基建霸主，从事国际范围内交通基础设施领域的建设，业务范围涵盖 140 多个国家和地区。公司积极响应国家"一带一路"战略，广泛参与对外经济援助项目和国际承包工程。2016 年实现营业收入达 4317.43 亿元，同比增长 6.76%；净利润为 167.43 亿元，同比增长 6.67%；

基本每股收益为 0.97 元/股,同比提升 2.11%;加权平均净资产收益率为 11.73%,经营业绩比较稳健,2016 年位列世界 500 强第 110 位。

中工国际（002051）——公司主营国际工程总承包（EPC）业务。多年来,公司以"做国际知名工程服务商"为愿景,以"传递中国工程价值"为使命,在海外市场完成了近百个大型交钥匙工程和成套设备出口项目,涵盖工业工程、农业工程、水务工程、电力工程、交通工程、石化工程及矿业工程等业务领域,业务范围涉及亚洲、非洲、美洲及东欧地区。

2016 年实现营业收入达 80.66 亿元,与 2015 年基本持平;净利润为 12.8 亿元,同比增长 21.77%;基本每股收益为 1.38 元/股,同比提升 22.12%;净资产收益率为 19.55%,同比提升 0.68 个百分点,业绩十分优良。

中铁工业（600528）——原先的"中铁二局",因位于"一带一路"沿线城市四川省成都市而备受瞩目。公司是以建筑工程施工为主营业务,并适度向房地产开发、物资销售等业务发展的建筑企业,建筑工程施工是公司的核心业务,铁路、公路、房建、市政、城市轨道等建筑工程是公司的主要产品,该产品是经济社会发展所必需的。2016 年实现营业收入达 512.42 亿元,净利润为 1.68 亿元,业绩比较稳定。

北新路桥（002307）——公司位于"一带一路"沿线城市新疆乌鲁木齐市。公司主要从事公路工程、铁路工程、桥梁工程、隧道工程和市政交通工程等公共交通基础设施的施工业务。公司业绩较为稳健,2016 年实现营业收入达 65.26 亿元,同比增长 27.60%;净利润为 4015.22 万元,同比增长 19.33%,业绩增长较快,是"一带一路"战略的明显受益者。

西部建设（002302）——公司位于"一带一路"沿线城市四川省成都市,注册地址在新疆乌鲁木齐市。公司专业从事高性能预拌混凝土、新型建材及化工材料的研发、生产和销售,是中国建筑打造的全国规模最大、技术实力最强且全国布局的专业商品混凝土上市公司。预拌混凝土具有提高混凝土质量的稳定性和可靠性、减少噪声和粉尘污染、有效节约资源和循环利用资源的特点,是混凝土生产由粗放型向集约化转变的一项重要变革,也是公司经营的一大亮点。2016 年实现营业收入达 115.29 亿元，净利润为 3.16 亿元，在同类行业中业绩较为优良且稳定。

连云港（601008）——公司位于欧亚大陆的入海口，是连接我国和欧洲最重要的战略港口，是我国经济国际化与区域经济协调发展的战略要地。公司从事港口货物的装卸、堆存及港务管理业务，其中装卸业务占公司业务总量的 80% 以上，2016 年实现营业收入达 12.43 亿元，净利润为 5336 万元。

需要说明的是，建筑行业的毛利率一般较低，整个行业的毛利率平均水平仅有 10.78%，这是因为建筑行业本身门槛较低，市场竞争激烈，加之我国也过了大规模基建的时代，基建公司市值已不小，因此基建股的增长率已经十分有限，股价上涨的空间往往不大，长期持有的话不一定能跑赢大盘，有时受益于"一带一路"战略的大公司反而更适合被当作题材股或概念股进行炒作，炒完退潮之后又继续原地踏步。

3.2.2 二胎放开

中国已步入老龄化社会，企业用工成本也在不断上涨，中国制造业赖以生存的低成本优势不复存在。为应对人口红利的消失，为经济增长提供动力支持，防止经济硬着陆，国家于 2016 年推出二胎政策，这又是一个影响深远的国策，受益的相关行业主要为母婴用品、婴幼儿消费、成长类行业等。

首先受益的是奶粉行业。

贝因美（002570）——国内奶粉行业龙头企业，主要从事婴幼儿食品的研发、生产和销售业务，主要产品包括婴幼儿配方奶粉、营养米粉、亲子食品、儿童奶等，通过持续研发、制造、销售科学、安全的婴幼儿食品，以及提供温馨、专业、亲切的母婴服务，帮助中国宝宝健康成长。贝因美已成为婴幼儿食品领域的领导品牌之一，在二胎政策利好下有望迎来业绩拐点。

其次是儿童益智、玩具、娱乐类行业。

奥飞娱乐（002292）——公司制作的《喜洋洋与灰太狼》《巴拉拉小魔仙》等作品家喻户晓，并伴随着一代人的童年。公司主营业务有内容创作、媒体经营、游戏研运、消费品制造与销售四大板块。其中内容创作业务包括漫画、动漫影视、连续剧、电影内容的研发与推广，收购了人气漫画平台"有妖气"；在媒体经营方面，公司已建立囊括卫星电视频道、PC 及移动端的动漫媒体渠道，搭建"线上""线下"多屏传播平台；在游戏研运方面，公司已构建研发与发行一体化的游戏运营平台，所研发的游戏产品由内部发行团队向各大游戏平台进行推广和运营；在消费品制造与销售方面，公司通过自主创作或授权开发，生产制造玩具及婴童用品。2016 年实现营业收入达 33.61 亿元，同比增长 29.80%；净利润为 4.98 亿元，同比增长 1.92%，未来有望获益于二胎放开所带来的增量机会，值得关注。

群兴玩具（002575）——公司主营业务为电子电动玩具的研发设计、生产及销售，产品主要包括童车、电脑学习机、电动车、婴童玩具和玩具手机五大系列，产品属性集情感性、竞技性、趣味性、益智性、教育性和"光、电、声"于一体，具有现代风格、时代气息和文化内涵，技术含量比较高，符合国内外有关质量要求。

需要注意的是，玩具行业集中度低、资金技术门槛低、知识产权保护较弱、价格竞争激烈，因此产品利润率较低，公司近三年的主营业务收入和利润一直呈下降趋势，为了扭转经营困境，提升盈利能力，公司实施了业务转型升级。

2017 年公司明确了经营模式将由玩具生产销售向玩具渠道经营转变，实现玩具业务的升级与转型，推动公司未来可持续发展。2016 年实现营业收入为 2.51 亿元，同比下滑 21.50%；净利润为 1276.43 万元，同比下滑 29.81%；未来应重点关注公司转型是否有效，是否带来业绩改善。

3.2.3 "互联网+"金融

"互联网+"是国家近年来为应对实体经济的下行而大力倡导的旨在提升实体经济信息化水平、促进传统经济模式转型升级的国家级战略，互联网行业在我国起步较晚但发展迅速，涌现出了 BAT 以及网易等巨头级优质企业，这几家企业均是在中国大陆之外上市的，一般小散难以直接买入，但是可以重点发掘互联网行业内的其他潜力公司。

互联网对经济的影响，笔者认为是一个先做减法再做加法的过程。减法的意思是互联网通过消除信息不对称，缩短与拉近了消费者与厂商的距离，消灭了一大批中间赚差价的贸易商，提高了社会整体福利。例如，阿里巴巴与淘宝就起到了这种减法的作用。

加法的意思是通过互联网拉近消费者与厂商的距离，可以让消费者参与最终产品的设计，甚至指导监督生产过程，提出产品缺陷与修正意见，最终提供符合消费者特定需求的产品。例如，小米手机就让消费者参与新产品的设计，一些功能也会听从消费者的声音，以此来提高产品的满意度，扩大市场份额。我们详细来看"互联网+"在具体行业板块中的投资机会。

"互联网+"金融是将互联网技术与金融业联系起来，推动金融行业的信息化、便利化，提高管理效率，并可以丰富业务渠道，开拓客户市场。

中科金财（002657）——公司位于北京市海淀区，是国内领先的互联网金融综合服务商和智能银行整体解决方案提供商。公司立足于各行业互联网转型及资产证券化的需求，深入推进资产证券化、互联网银行、金融资产交易、资产管理、征信、大数据、供应链金融等互联网金融创新业务，打造中国领先的第三方互联网银行平台、资产证券化互联网综合服务平台，形成科技金融生态圈，助力地方政府金融改革、中小商业银行及传统龙头企业互联网转型和资产证券化。2016年实现营业收入达13.8亿元，净利润为1.78亿元，同比分别增长3.96%和10.98%，业绩稳健。

恒生电子（600570）——公司位于浙江省杭州市，实际控制人为马云，主要业务是为国内的金融机构提供软件产品和服务以及金融数据业务，为个人投资者提供财富管理工具等。公司的客户包括券商、期货公司、公募基金、信托公司、保险公司、银行、交易所、私募基金等，并逐步拓展到和金融生态圈有关的互联网企业。

软件产品收入是目前公司最主要的收入来源，占到公司总收入的95%左右。2016年由于子公司杭州恒生网络技术服务有限责任公司违规提供开户与交易服务而受到中国证监会的处罚,业绩受到重大影响,全年实现营业收入为 21.7 亿元,同比降低 2.49%;净利润为 1829.14 万元,同比降低 95.97%,但后续发展前景看好。

金证股份(600446)——公司位于深圳市南山区,主要从事证券 IT、互联网金融 IT、基金 IT 以及综合金融 IT 业务。公司的经营亮点是凭借完全自主研发的基础技术架构,打造出了中国金融证券软件的民族品牌,产品覆盖了经纪、信用、场外、期权及互联网企业等市场,形成了"软件+服务"的经营模式。2016 年实现营业收入达 36.66 亿元,净利润为 2.35 亿元,同比分别增长 40.18% 和−7.72%;加权平均净资产收益率为 17.13%,财务指标稳健。

3.2.4 "互联网+"能源

"互联网+"能源是将互联网与实体能源行业相结合,提高能源行业的信息化、程序化、自动化水平,提高能源生产效率,降低能源损耗,从而提升公司业绩。

爱康科技(002610)——公司位于"一带一路"沿线城市江苏省连云港市,主要从事太阳能光伏配件产品的生产、制造与销售,近年来提出了"从光伏制造业向光伏电站运营的转型"发展战略,立志转型为光伏电站运营商,公司累计并网及在建光伏电站超过 1GW,成为国内规模较大的光伏运营商。需要注意的是,国家对光伏发电站的上网电价的补贴力度有所降低,这对于严重依赖国家政策补贴的光伏行业来讲是个重大不利因素。

金风科技(002202)——公司位于"一带一路"沿线城市新疆乌鲁木齐市,主要从事风机制造、风电服务以及风电场投资与开发三大业务板块,能满足客户在风电产业链多个环节的需求,成为国内领军和全球领先的风电整体解决方案供应商。公司在巩固国内市场的同时,积极拓展全球风电市场,业务足迹已遍布六大洲。2016 年实现营业收入为 263.96 亿元,同比降低 12.20%(主要受电力行业整体产能过剩及经济发展放缓的拖累,影响风电新增投资);净利润为 30.03 亿元,同比增长 5.39%。

科陆电子（002121）——公司位于深圳市南山区，是为智能电网、新能源应用提供装备和解决方案的国家高新技术企业，以新能源发电运营、车联网、储能、主动配网改造、产业园区综合能源服务等为核心业务，专注于智慧能源互联网产业发展，核心产品覆盖了智能发电、智能储能、智能配用电、能源服务等各个环节。

3.2.5　电子商务

电子商务可以称为"互联网+商业贸易"，用互联网工具来做传统贸易，降低了实体运营成本，以阿里巴巴、淘宝、京东为代表，近几年席卷全国，极大改变了商业贸易行业的生态，其中一些巨头们尚未触及的领域，仍有较大的发展潜力。

生意宝（002095）——公司位于浙江省杭州市，是一家专业从事互联网信息服务、电子商务、专业搜索引擎和企业应用软件开发的高新企业，目前已发展成为国内最大的行业电子商务运营商和领先的综合 B2B 运营商。公司拥有并经营中国化工网、全球化工网、中国纺织网、医药网等行业类专业网站，主要业务包括化工行业、纺织行业的商务资讯服务、网站建设和维护服务以及广告服务，并致力为企业传统销售在线化和金融化提供解决方案。

跨境通（002640）——公司位于山西省太原市，主要从事跨境电子商务，为进口和出口业务提供电商平台，是目前 A 股中唯一一家以从事跨境电商贸易为主业和特色的上市公司。随着全球范围内网上消费习惯的逐步形成，以及公司经营产品品类的不断丰富，公司业绩呈现快速发展的良好趋势。2016 年实现营业收入达 85.37 亿元，同比增长 115.53%；净利润为 3.94 亿元，同比增长 133.85%，是业绩增长较快的优质电子商务平台型公司，值得投资者重点关注。

3.2.6　人工智能

随着国家人口红利的消失，企业人力成本呈现加速上升的趋势，人工智能成为包括中国在内的全球范围内的又一次革命浪潮。2017 年中国"两会"把人工智能放入政府工作报告当中，将其上升至国家战略。对于人工智能的分析，本章将在最后的案例部分进行展开，并推荐两家人工智能龙头公司——科大讯飞和赛为智能。

3.2.7 智能家居

可以将智能家居归到人工智能里面，智能家居是国家倡导的未来物联网时代最有可能取得突破的领域。由于家居与每个人的生活息息相关，这是一个万亿级别的蓝海市场。万物互联是物联网最终的目标，想象一下，当家庭中的电器均实现连接并由我们统一控制时，这种场景是不是很美妙？

与人工智能类似，目前智能家居尚处在发展的初级阶段，很多概念设计还未转化成实物产品，因此选择起来比较困难，建议投资者采取等待与观望的态度，等到行业格局明朗一些、龙头公司浮出水面再介入也不迟，这种大级别的市场，红利期会持续很久，宁可买慢一些也不要买错。

英唐智控（300131）——公司位于深圳市南山区，主营业务为电子元器件分销，软件研发、销售及维护，电子智能控制器的研发、生产和销售。2016 年实现营业收入达 42.22 亿元，同比增长 138.35%；净利润为 2.01 亿元，同比增长 435.50%。

2016 年公司业绩大幅提升的原因是华商龙子公司纳入合并报表中，从产品结构来看，电子智能控制行业的收入占比仅有 4.56%，而收入占比达到 95.44% 的传统电子元器件产品的毛利率仅有 8.94%，实在是太低了，因而公司更像是一个传统的电子加工生产企业，公司向智能化方向转型发展还是一个较大的挑战，投资者可以重点关注公司智能型产品所占比重的上升趋势，再决定是否介入。

3.2.8 环保

前已述及，这是一个万亿级别的庞大市场，拥有治水、治空气、治霾、治固废核心技术与渠道的环保公司将会获得前所未有的发展机遇。当然，环保股的一大缺陷是持续性较差，涨势持续不了太久，但长期来看，价值是会逐步提升的。投资者可以选择龙头公司在调整较充分的时点介入，有高抛低吸技术最好，没有技术的话拿住优质股长期持有也是一个不错的策略。

碧水源（300070）——位于北京市海淀区，水处理领域龙头公司。公司专业从事环境保护业务，经营的一大特色是在水处理领域拥有全产业链，包括给水、污水处理、海水淡化、污水资源化、水生态环境治理，以及家用与商用净水设备技术开发、核心设备制造和应用及固废处理等。

公司采用全球先进的膜技术为客户提供水处理及城市生态系统的整体技术解决方案，并制造和提供核心的膜组器系统和核心部件膜材料。2016年实现营业收入达88.92亿元，同比增长70.54%；净利润为18.46亿元，同比增长35.55%；基本每股收益为0.6元/股，同比提升25%；2016年公司污水处理整体解决方案业务的毛利率为47.57%，净水器销售的毛利率为48.23%，均维持在较高水平，表明公司拥有较强的议价能力，随着国家对环境保护的重视以及行业景气度的提升，长期看好公司发展前景。

文科园林（002775）——公司位于深圳市福田区，主营业务是园林绿化工程施工、园林景观设计等，公司近年在河道治理、河流园林生态景观建设、市政道路、管廊、旅游景区打造等公用工程业务方面进行了拓展。

2016年公司实现营业收入达15.17亿元，同比增长45.05%；净利润为1.4亿元，同比增长44%；基本每股收益为0.57元/股，同比提升24.29%；加权平均净资产收益率为11.70%，与2015年的11.80%基本持平；公司园林绿化业务的毛利率为20.87%，公司成长势头良好。

龙马环卫（603686）——环卫龙头公司，位于福建省龙岩经济开发区，主营业务是环卫清洁装备、垃圾收转装备、新能源及清洁能源环卫装备等的研发、生产与销售，以及环卫产业运营服务。公司经营模式有环卫装备制造业务和环卫服务业务，后者又分为单项目承包模式、PPP合营模式、环卫服务一体化外包模式。

2016年公司实现营业收入达22.18亿元，同比增长44.80%；净利润为2.11亿元，同比增长40.16%；基本每股收益为0.79元/股，同比提升31.67%；加权平均净资产收益率为 18.87%，同比提升 2.96 个百分点，连续 10 年位于 15% 以上，业绩十分优良，投资者可重点关注。

神雾环保（300156）——公司位于北京市朝阳区，主打绿色低碳，主营业务包括"乙炔化工""水环境综合治理""炼油与化工"和"特色装置"四大板块，以自主创新技术和先发竞争优势，面向全球煤化工、石油化工客户提供节能环保综合解决方案，是国内工业领域绿色低碳发展的先行者和引领者，同时得益于 PPP 模式的推广，大批新型煤化工项目加速落地。2016 年公司业绩实现爆发式增长，实现营业收入达 31.25 亿元，同比增长 157.28%；净利润为 7.06 亿元，同比增长 289.47%，成长性良好，值得重点关注。

三聚环保（300072）——公司位于北京市海淀区，主要从事催化剂、净化剂等能源净化产品的研发、生产和销售，为能源化工行业及油气田开采业提供成套的净化工艺、装备及成套服务，以及可循环使用的能源净化产品等能源净化综合服务；为化工企业提供产业转型升级、原料改造、尾气综合利用、环保治理等整体技术解决方案、项目总承包、方案实施及综合运营服务。2016 年实现营业收入达 175.31 亿元，同比增长 207.66%；净利润为 16.17 亿元，同比增长 97.07%，成长性良好，值得重点关注。

东江环保（002672）——公司位于深圳市南山区，致力于工业和市政废物的资源化利用与无害化处理，配套发展水治理、环境工程、环境检测及 PPP 等业务，构建完整的产业链，建立以废物资源化为核心的多层次环保服务平台，为企业的不同发展阶段定制和提供一站式环保服务，并可为城市废物管理提供整体解决方案。2016 年实现营业收入达 26.17 亿元，同比增长 8.91%；净利润为 5.34 亿元，同比增长 60.53%，成长性良好，值得重点关注。

清新环境（002573）——京城治霾第一股，公司位于北京市海淀区，是一家以工业烟气治理为主业，集技术研发、项目投资、工程设计、施工建设以及运营服务为一体的综合性服务运营商。燃煤电厂烟气脱硫脱硝除尘业务是公司目前聚焦的核心业务方向，同时公司也正稳步有序地推动包括石化、钢铁等行业在内的非电领域烟气治理技术的研究开发、工程应用、市场开拓与资产并购等。

作为创新能力领先的高科技环保公司，先后研发了高效脱硫技术、单塔一体化脱硫除尘深度净化技术、零补水湿法脱硫技术等一系列环保节能技术，并成功将自主研发的技术应用于工业烟气的治理上。

3.2.9 "大众创业、万众创新"

"大众创业、万众创新"，简称"双创"，是李克强总理于2015年着力号召的旨在激发人民群众创新与创业活力的战略举措。从另一个角度来看，如果你没有精力创业，也没有精力去寻找好的创业型公司来进行股权投资，那么创投类公司可以帮你做。

"双创"国策让创投类公司有了更多可供选择的优良标的，从侧面推动了创投类上市公司的快速发展，天使投资人、风险投资者（VC）、股权投资基金（PE）不断活跃。选择创投类上市公司的重要依据是它的创投团队、曾经的投资业绩以及重点投资方向。由于创投在中国尚处于比较初期的阶段，创投类上市公司比较稀少并且业绩也并不突出，所以本书不着重推荐创投类上市公司，但投资者可关注张江高科（600895）和鲁信创投（600783），看二者能否引领创投行业的发展。

3.2.10　央企改革

央企改革是2015年"两会"上政府着力推出的新的改革举措，主要有合并、收购重组、引入战略投资者与员工持股等内容，改革意在降低行业的恶性竞争，提高央企的国际竞争力，激发员工的主人翁意识，释放企业的发展活力。

在央企改革历程中曾名噪一时、家喻户晓的就是中国中车（601766）。中国中车是全球规模最大、品种最全、技术领先的轨道交通装备供应商，主要经营铁路机车车辆、动车组、城市轨道交通车辆、工程机械、各类机电设备等。

2015年，中国南车与中国北车合并为中国中车，打响了央企改革的第一枪，中国中车也成为2015年大牛市的旗帜性股票。正是由于长沙一位股民加杠杆满仓中国中车导致破产跳楼的传闻，导致了2015年年中股灾的爆发，中国中车的大跌宣告了牛市的结束。

2016 年中国中车实现营业收入达 2297.22 亿元，同比减少 5.04%；净利润为 112.96 亿元，同比减少 4.42%。业绩总量较大，但要实现增长不易，在炒作央企改革题材的时候会爆发一下，因此这类大象股并不适合长期持有。

而从历史经验来看，整个央企改革板块炒作的持续性并不好，更多的是游资打一枪就跑，作为价值投资的坚持者，笔者不建议操作央企改革板块，没有有效的办法提前埋伏，或者买不进，或者卖不出，十分折腾还容易"做韭菜"，尤其是没有任何业绩支撑、纯靠政府"拉郎配"的炒作更是要坚决避开。

3.2.11　3D 打印

3D 打印是近年来发展起来的一种快速成型技术，以数字模型文件为基础，运用粉末状金属或塑料等可黏合材料，通过逐层打印的方式来构造物体。

3D 打印通常是采用数字技术材料打印机来实现的，常在模具制造、工业设计等领域被用于制造模型，后逐渐用于一些产品的直接制造，已经有使用这种技术打印而成的零部件，在珠宝、鞋类、工业设计、建筑、工程和施工、汽车等领域都有广泛应用。2015 年 8 月 23 日，李克强总理主持国务院专题讲座时，讨论了加快发展先进制造与 3D 打印等问题。

该行业目前尚处在初期发展阶段，面临的主要问题是打印成本较高，但未来前景被广泛看好。

大族激光（002008）——3D 打印第一股，公司位于深圳市南山区，业务亮点是将激光与打印结合。公司是以提供激光加工及自动化系统集成设备为主的高端装备制造企业，业务专注于激光标记、激光切割、激光焊接设备及其自动化配套产品，以及 PCB 专用设备、机器人、自动化设备等。

公司产品主要应用于消费电子、机械五金、汽车船舶、航天航空、轨道交通等行业，对发展 3D 打印有雄厚的技术基础。2016 年实现营业收入达 69.59 亿元，净利润为 7.54 亿元，同比分别增长 24.55%、0.98%；加权平均净资产收益率为 15.05%，连续 7 年位于 15% 以上，财务业绩十分优良，未来随着 3D 打印市场的逐步打开，业绩有望继续快速增长。

光韵达（300227）——公司位于深圳市南山区，是国内领先的激光智能制造解决方案提供商，以精密激光应用技术研究为基础，致力利用"精密激光技术+智能技术"实现产品的高集成度、个性化、智能化。公司所处行业为电子信息产业，公司主要为电子信息制造业的厂商提供产品服务。2016年实现营业收入达3.12亿元，同比增长38.39%；净利润为1618.58万元，同比增长7.34倍（可比期间基数较小的原因）。

3.2.12　PPP政策

PPP（Public-Private Partnership），即政府和社会资本合作，是公共基础设施中的一种项目运作模式。这是在中国加强地产调控之后，为防止经济硬着陆而采取的对冲风险的托底政策。近年来不少政府债务缠身，资金流面临压力，从而尝试引入社会民间资本，与政府合作进行基础设施、公共事业领域投资建设，民营资本享受一定的政府财政支持。

PPP的具体运作模式有很多，本书不对此展开论述，而是重点寻找PPP模式带来的相关行业与上市公司的投资机会。

博世科（300422）——公司位于广西南宁市，兼具PPP与环保概念。公司是拥有自主核心技术的区域环境综合治理服务商，致力为客户提供系统方案设计、系统集成、关键设备设计制造、工程施工、项目管理及其他技术服务等业务，服务范围覆盖环评、检测、工程咨询设计、研究开发、设备制造、工程建设、设施运营、投融资运营等环保全产业链，核心业务包括水污染治理（含工业污水处理、市政污水处理及水体修复）、自来水的生产与供应、土壤修复三大块，2016年这三大业务占营业收入的比重分别为47.24%、25.59%、17.86%，毛利率分别为27.85%、26.18%、31.51%，综合毛利率为27.19%；2016年实现营业收入达8.28亿元，同比增长64.26%；净利润为6267.89万元，同比增长45.79%，业绩成长性值得期待。

东方园林（002310）——公司位于北京市朝阳区，主要从事以水环境治理为主的生态修复业务，包括生态湿地、园林建设和水利市政等的设计施工，向政府提供生态城市规划、水利工程设计、市政工程施工一体化的全产业链服务。

　　同时公司积极响应国家推进海绵城市建设的号召，快速推进由传统景观业务向生态修复业务的转型，通过自身发展与外延并购相结合的方式，以危废处理、乡镇污水处理及综合资源利用为切入口，布局环保产业，大力加快海绵城市 PPP 项目的拿单速度与推进力度。公司与北京市房山区、武汉市江夏区、四川省眉山市岷东新区、湖北省黄石市、江西省萍乡市等地方政府的相关部门或下属单位就 PPP 模式开展合作，充分获益于 PPP 模式。

　　2016 年公司的四大核心业务——市政园林、水系治理、生态修复、固废处置占总营业收入的比重分别为 34.25%、26.51%、19.91%、14.21%，毛利率分别为 30.25%、33.36%、36.71%、26.38%，综合毛利率为 32.83%；2016 年实现营业收入达 85.64 亿元，净利润为 12.96 亿元，同比分别增长 59.16%、115.23%；加权平均净资产收益率为 18.13%，同比提升 8 个百分点，呈现出良好的发展态势。由于兼具 PPP 与环保两大概念，同时业绩突出，成为资本市场上追捧的焦点，如图 3-13 所示。

图 3-13　东方园林周 K 线图（前复权）

3.2.13　去产能政策

　　中国实体经济从 2014 年开始加速下滑，至 2015 年年底大宗商品价格降至历史性低位，尤其是传统行业，例如钢铁、煤炭、造纸、化工等领域，由于重复投资、高能耗投资而造成产能严重过剩，大部分公司陷入亏损的境地。

　　因此从 2016 年"两会"开始，中国打响了一场声势浩大的"去产能"战役，主要波及钢铁、煤炭行业，2017 年又加入了农产品行业。与之伴随而来的是，中国的大宗商品开启了一波迅猛的反弹，从最低点价格反弹至翻倍的比比皆是，但同期相关公司股价却没有如此同步拉升，这是由于价格只是公司经营的一个方面，而股价反映的则是公司的综合业绩，价格上去了，业绩就一定会变好吗？

如果需求总量没有明显提升反而下滑的话，那么销售额就不一定是增加的，同时产能过剩一般都是重资产、投资规模较大的行业，巨额的固定资产折旧等一些固定成本也会稀释公司业绩，因此即使价格大涨，业绩也只是轻微复苏，所以在股价上尚未得到反映。

但后期随着去产能力度的加大，大宗商品价格的涨势一鸣惊人，这才进一步刺激公司业绩较快增长，因此在股价上最终也反映出来。

以中国神华为例，2015 年公司净利润只有 161.44 亿元，煤价最低时仅 300 元/吨，这与 2012 年煤价巅峰时 1300 元/吨相比暴跌了 80%，而去产能导致煤价在 2016 年上半年开始反弹，并在下半年加速上涨，最高涨到 2016 年 11 月底的 700 元/吨，涨幅接近 100%，并将涨势延续至 2017 年年初。而中国神华 2016 年净利润迅速增加至 227.12 亿元，增长了 40.70%，股价也从 2016 年下半年开始，伴随着煤价的复苏而处于上涨趋势中，如图 3-14 所示。

图 3-14   中国神华周 K 线图

因此做资源品有一个规律，那就是做趋势，资源股周期性比较强，行业开始复苏时买入，行业繁荣时逐步退出，有衰退迹象时清仓。

2017 年，中国去产能政策的边际影响将会越来越低，商品价格在经历迅猛反弹之后何去何从，还是要看最终的市场供需，如果中国实体经济好转，那么商品价格也会进一步拉升，相关股票还是有进一步的挖掘机会的；而如果实体经济继续回归下行轨道，那么商品价格的反弹只会昙花一现，只能寄希望于政府进一步部署去产能来维持价格。

2016 年在全球范围内还有一场声势浩大的去产能运动，那就是石油化工领域的减产协议。2016 年年底，OPEC 产油国达成减产协议，刺激国际原油价格从最低点的 30 美元/桶上涨至 50 元/桶以上，作为典型的周期性行业，国内化工行业的景气度也大大提升，中泰化学、卫星石化、万华化学等几家公司 2017年一季度的业绩就几乎超过了 2016 年全年业绩，长期低迷的行业在遇到刺激性拐点之后就会爆发性十足。

3.2.14　国家经济周期性波动带来的投资机会

对于随国家经济周期性波动的行业，如钢铁、煤炭、化工、机械等老牌传统行业，踏准节奏是最重要的，在行业开始复苏时埋伏，在行业繁荣时逐步套现退出。我们以机械行业里的徐工机械（000425）为例，来说明周期性行业公司的业绩波动特点。

从表 3-5 可以看出，2015 年，在我国实体经济加速下滑的背景下，徐工机械首当其冲，业绩相比 2014 年也是全面下滑，营业收入减少 28.36%，净利润更是暴跌 86.20%，毛利率降低 2 个百分点，净资产收益率下滑 1.83 个百分点，每股收益降低 86.21%。

表 3-5　徐工机械 2014—2016 年财务指标

项　　目	2016 年	2015 年	2014 年	2016 年增长率	2015 年增长率
营业收入（亿元）	168.91	166.96	233.06	1.17%	−28.36%
净利润（亿元）	2.09	0.57	4.13	266.67%	−86.20%
毛利率	19.44%	20.57%	22.62%	−1.13%	−2.05%
净资产收益率	1.01%	0.27%	2.10%	0.74%	−1.83%
每股收益（元/股）	0.03	0.008	0.058	275.00%	−86.21%

2016 年，国家通过多次降准降息为实体经济放水，同时提出去产能政策来刺激商品价格复苏，煤炭、钢铁等行业迎来修复性增长，刺激了对工程机械产品的需求，徐工机械的业绩也有所起色，营业收入略微增加 1.17%，净利润增加了 2.67 倍（当然跟 2015 年基数过低有关），毛利率继续降低 1.13 个百分点，由于净利润的增加，净资产收益率也略微提高，每股收益增加 2.75 倍（跟 2015 年基数过低有关）。

这就是典型的周期性行业的特点，与国家经济发展轨迹密切相关，国家经济好，它的业绩就好；整个社会经济下滑，它的业绩就随之变差，有明显的业绩低谷，然后通过一定的事件或政策刺激，业绩开始复苏、反弹。当然，这是一个长期的过程，不会在一、两年之内就一蹴而就，2017 年及以后年度业绩如何演变，还是要取决于实体经济是否真正企稳，如图 3-15 所示

图 3-15　徐工机械月 K 线图

提到周期性行业，我们再顺便说一下证券行业，这里以广发证券（000776）为例来说明证券行业的周期性特点，如表 3-6 所示。

表 3-6　广发证券 2014—2016 年财务指标

项　目	2016 年	2015 年	2014 年	2016 年增长率	2015 年增长率
营业收入（亿元）	207.12	334.47	133.95	-38.08%	149.70%
净利润（亿元）	80.3	132.01	50.23	-39.17%	162.81%
净资产收益率	10.29%	21.14%	13.56%	-10.85%	7.58%
每股收益（元/股）	1.05	1.87	0.85	-43.85%	120.00%

2015 年迎来难得的历史性大牛市，A 股成交量屡创新高，2015 年 4 月 20

日首次突破 1 万亿元日成交额,并于 6 月 8 日创出 1.31 万亿元的日成交额历史纪录,整个牛市阶段有 15 个交易日突破万亿元日成交额,证券行业的经纪业务收入水涨船高,业绩实现爆发性增长。从表 3-6 可以看出,2015 年广发证券的营业收入增长 1.5 倍,净利润增长 1.6 倍,净资产收益率提高 7.58 个百分点,每股收益提高 1.2 倍,这就是所谓的"开张吃三年"。

但国内 A 股历来牛市短、熊市长,从 2015 年下半年开始的股灾,使得交投规模逐步下滑至冷清,2016 年年初的熔断政策对股民信心更是毁灭性的打击,风险偏好的提升仍需要一个较长的过程。2016 年业绩也是全面下滑,营业收入减少 38.08%,净利润减少 39.17%,净资产收益率下降 10.85 个百分点,每股收益也降低 43.85%,这就是所谓的"三年不开张"。

广发证券的股价也跟随业绩一起呈现出周期性波动的特点,如图 3-16 所示。关于 2017 年行情如何演绎,笔者认为,大牛市之后的第二、三年里会有一个不错的小反弹,2017 年下半年可能会摸高至 3800～4000 点一线,但过程不易且容易反复,非常考验投资者的选股能力以及持股信念。周期股的投资策略就是这样的,谷底买,冲高卖,谷底买后跌了怎么办?其实没必要止损,选好股票,控制好仓位逐步分批加仓,等待时机的到来。

图 3-16 广发证券月 K 线图(前复权)

3.2.15 避免过于依赖国家政策的行业

最后,在利用国家政策进行行业选择的时候,要注意虽然国家鼓励政策对行业的发展影响重大,但也要避免过于依赖国家扶持政策的行业。比如没有国

家扶持政策就会亏损而导致没人去做的行业，典型的例子是光伏行业。从 2010
年开始，国家加大对光伏行业的扶持力度，光伏发电每度电的补贴金额创下新
高，受益于此，李河君凭借自己的公司汉能薄膜发电（00566.HK）登上中国首
富的宝座。

但是近年来国家对光伏上网的补贴力度越来越小，加之光伏发电的成本本
来就大大高于火电和水电，因此光伏公司的好日子也一去不复返了，2015 年 5
月 20 日，汉能薄膜发电的股价在盘中突然跳崖式直线下跌（如图 3-17 所示），
在大幅急跌近 50%后公司自行申请停牌，至今尚未恢复交易。因此这种行业本
身竞争性不强，严重依赖国家扶持政策，而政策稍有风吹草动，公司业绩就如
坐过山车，容易被投资者恐慌性抛弃。

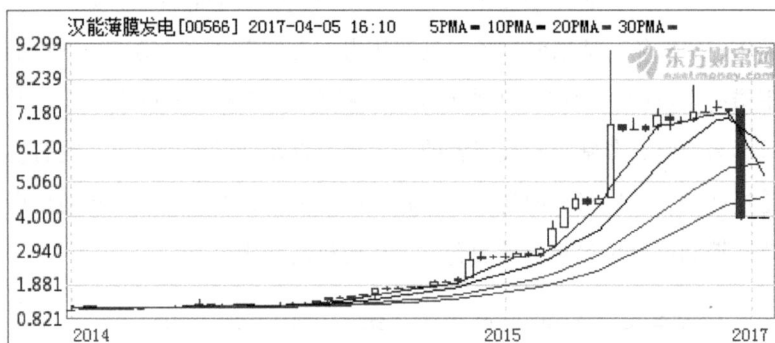

图 3-17　汉能薄膜发电单日暴跌 46.95%

3.3　不同时期下的龙头行业

2002 年，中国加入世贸组织，中国改革开放的大业再上一个新的台阶，中
国与世界各国的贸易呈井喷式发展，纺织行业、服装行业、工业原材料行业迎
来新的发展契机，位于改革开放窗口深圳经济特区的中集集团业绩翻了 3 倍。
2003 年，SARS 横行，疫苗类公司的走势普遍超越大盘，鲁抗医药、莱茵生物
的价值逐步被发掘。

2008 年，中国申奥成功，体育及周边产业迎来市场的爆发；2008 年为应

对金融危机，国家推出 4 万亿元投资计划，加大基础设施、交通设施等的投资与建设力度，直接促成了 2009 年 3148 点的小牛市，期间打头阵的龙头行业，一是工程机械类的，例如三一重工和中联重科、徐工机械和柳工；二是工程材料类的有色金属，例如钢铁、铜业；三是搞基建的，例如中国交建、中铁二局、中国建筑等。

这就是靠投资拉动 GDP 稳定经济那个时代的特色，中国改革开放近 40 年，国内生产总值从 1978 年的 3645.2 亿元增长到 2016 年的 744127 亿元，增长了 200 多倍！中国从一个落后的农业国一跃成为先进的工业国，城镇化进程不断加快、加深，2016 年城镇化率达到 57.35%，这对房地产行业、建筑行业、工程机械行业、家电家居行业、装修装饰行业是一个伟大的历史机遇，而万科、格力、美的等相关行业的龙头公司抓住了这个伟大时代的主脉搏，打开了通往成功与财富的大门。

龙头往往形成于行业集中度提高的过程中，以家电行业为例，2000—2005 年期间家电行业高速增长，但行业内公司的净利润普遍不佳，这是由于行业集中度非常低，百舸争流、竞争激烈降低了毛利率；而 2005—2010 年期间家电行业增长速度放缓了，但是净利润水平却上涨得非常快，龙头企业格力与美的的股价在此期间都大涨十几倍。2005 年就是家电行业的拐点，竞争能力较弱的小厂家开始被淘汰退出市场，大厂家迅速在市场、规模、渠道、品牌等领域持续扩大优势，建立起行业门槛与壁垒，有效阻止了新竞争者的进入。这就是行业集中度提高的过程，期间行业龙头也会渐现，行业格局从混乱的、无序的竞争转变为有门槛的、有序的竞争。

3.4　未来哪些行业是主角

未来哪些行业是主角？我们该如何选择呢？笔者认为，人工智能、大数据、物联网、大消费、大社交、共享经济，以及细分的蓝海行业，都蕴藏着很好的投资机会。本章接下来将花较大篇幅来阐述这些有望成为未来主角的相关行业及其上市公司，期待寻找下一个万科与格力，寻找下一个时代的主角。

3.4.1 人工智能

人工智能（AI）是一门新的研究与开发用于模拟、延伸和扩展人的智能的理论、方法、技术及应用系统的技术科学。人工智能的目标是实现用自动化机器人来代替人工，使企业的生产成本大幅降低，利润迅速上涨。人工智能是新兴的成长性行业，难点在于如何筛选出该行业中真正的成长性牛股。在本章的案例部分将会具体分析人工智能行业及其相关上市公司，此处不再赘述。

3.4.2 新能源汽车

中国的能源结构是"贫油、少气、多煤"，而煤炭带来的大气污染越来越被人们所重视，因此新能源是唯一的出路。中国汽车工业与国外相比仍然落后，新能源汽车有可能是实现中国汽车工业弯道超车唯一的突破口，因此被政府所重视。新能源汽车产业链主要包括整车、零部件生产、锂电池供应以及充电桩生产。

新能源汽车是指采用非常规的车用燃料作为动力来源（或使用常规的车用燃料，采用新型的车载动力装置），综合车辆的动力控制和驱动方面的先进技术，形成的技术原理先进，具有新技术、新结构的汽车。近两年国家发改委共下发 12 张电动车生产牌照，其中大部分新企业的股东只是传统汽车零部件企业，有些公司甚至没有汽车制造业的背景，只是因为想分一杯羹而跨界进入该市场，目前相对比较成熟的新能源汽车整车生产商就只有比亚迪（002594）一家。

比亚迪位于深圳市坪山区，是新能源汽车龙头公司，主要从事包括传统燃油汽车及新能源汽车在内的汽车业务，同时利用自身的技术优势积极拓展新能源产品领域的相关业务，例如二次充电电池及光伏业务等。

自 2003 年拓展汽车业务以来，比亚迪凭借集团产品领先的技术及成本优势，以及具备国际标准的卓越品质，使得汽车业务实现高速增长，迅速成长为领先的中国自主品牌汽车厂商与全球新能源汽车研发和推广的先驱。2016 年实现营业收入达 1034.7 亿元，同比增长 29.32%；净利润为 50.52 亿元，同比增长 78.94%；基本每股收益为 1.88 元/股，同比增长 67.86%。未来发展仍十分看好，有望成长为全球新能源汽车行业的龙头公司。

3.4.3　锂电池供应

由于锂电池具有蓄电量大、可充放次数多、质量轻、可回收、污染小等优点，因而成为新能源汽车的首选供电装备，而那些生产锂电池的上游公司有望从新能源汽车行业的潮流中持续获利。

赣锋锂业（002460）——公司位于江西省新余市。公司专注于深加工锂产品、锂电新材料和锂动力与储能电池系列产品，拥有特种无机锂、有机锂、金属锂及锂合金、锂电新材料、锂动力与储能电池 5 大系列 40 多种产品，是目前国内锂系列产品品种最齐全、产品加工链最长、工艺技术最全面的专业生产商。

赣锋锂业是国内深加工锂产品行业的龙头企业，也是国内唯一同时拥有"卤水提锂"和"矿石提锂"产业化技术的企业，拥有国内最大的卤水提锂和矿石提锂锂盐加工生产线，主要产品电池级碳酸锂、电池级氢氧化锂已经进入国际一线动力电池企业供应链体系。

同时，公司也是全球最大的金属锂产品供应商，金属锂的市场份额占全球30%以上，拥有国内领先的金属锂冶炼和低温真空蒸馏提纯技术，是国内唯一的专业化、规模化的丁基锂生产基地，在全球市场中占有重要地位。2016 年实现营业收入达 28.44 亿元，净利润为 4.64 亿元，同比分别增长 110.06%、271.03%；加权平均净资产收益率达到 22.13%，业绩十分优秀。

天齐锂业（002466）——公司位于四川省成都市，主营业务包括固体锂矿资源的开发、锂化工产品的生产和锂矿贸易三部分，主要产品包括化学级锂精矿、技术级锂精矿、工业级碳酸锂、电池级碳酸锂、工业级氢氧化锂、电池级氢氧化锂、无水氯化锂、金属锂等锂化工产品。2016 年实现营业收入达 39.05 亿元，同比增长 109.15%；净利润为 15.12 亿元，同比增长 5.1 倍，业绩成长突出。

多氟多（002407）——公司位于河南省焦作市，主要业务为氟化物、锂离子电池及材料、新能源汽车，其中氟化盐产品占营业收入的比重为 79.06%，毛利率为 47.79%；锂电池及材料的占比为 10.30%，毛利率为 24.10%；新能源汽车仅占 0.23%，且毛利率为 -73.87%，因此在新能源汽车的发展道路上还有很长一段路要走。2016 年实现营业收入达 28.57 亿元，同比增长 30.93%；净利润为 4.78 亿元，同比增长 11.19 倍，未来继续保持关注。

3.4.4　充电桩建设

充电桩的建设是为了解决新能源汽车的充电问题，也是关系到新能源汽车使用的方便性、普遍性的关键环节。

奥特迅（002227）——公司位于深圳市南山区，拥有 20 年工业大功率充电设备研发、制造、运行经验，是电力自动化电源细分行业的龙头企业，是我国目前唯一一家核安全级电源供应商。公司业务主要涵盖工业电源、核电电源、电动汽车充电电源、电能质量治理装置、储能及微网系统、电动汽车充电整体方案提供等领域，产品采用直销模式，多为订单式生产。从 2015 年开始，公司进入电动汽车充电设施建设及运营领域，启动了由"以设备销售收入为主"向"设备销售和设施服务收入并重"战略转型的步伐。

3.4.5　云计算

云计算指的是通过网络以按需、易扩展的方式获得所需的资源（硬件、平台、软件），提供资源的网络被称"云"，"云"中的资源在使用者看来是可以无限扩展的，并且可以随时获取，按需使用。

近年来，在世界范围内云计算市场方兴未艾、风起云涌，国内最耀眼的无疑是阿里巴巴旗下公司阿里云。

2016 年，阿里云的营业收入达到 55.66 亿元，增速超过 137%。根据机构测算，2016 年中国公有云市场份额为 150 亿元左右，阿里云占据将近 40% 的市场份额，遥遥领先。未来的中国云计算将会是万亿级别的市场，必然会诞生巨头级企业，研究阿里云的业务模式、运营和财务，以及未来战略，有助于了解云计算行业现有的格局，判断未来的发展趋势。

2010 年，阿里云开始提供 IaaS 层服务，即计算、存储和网络资源，用云主机替代传统的物理主机。经过几年的市场培育，许多互联网公司逐渐接受云服务。这些公司一方面对稳定性和安全性提出更高的要求；另一方面希望由云厂商提供更多的中间件产品，为自身的业务运营提供更好的服务。为了迎合客户需求，阿里云研发了云盾等云安全产品，发布了包括数据库在内的多项中间件产品。

随着客户对云服务使用的加深，将越来越多的业务放在云上运行，阿里云这个平台积累了大量数据，客户需要借助大数据技术来发掘这些数据的价值。阿里云先后发布了 MaxCompute 和数加平台，为平台用户提供各类大数据技术和数据服务。

业界公认大数据的下一步是人工智能，阿里云同样有所布局，开发出一系列人工智能机器人产品，例如小 AI、ET 等。经过 8 年的发展，阿里云从最初提供基础资源的 IaaS 厂商，逐步发展成综合云服务厂商，业务覆盖云计算、大数据、网络安全、人工智能等多个领域。

在国内 A 股市场投资云计算的难点是，首先需要面对阿里云这个强劲的对手；其次是在 A 股市场筛选具有云计算领域的真正技术、服务优势的公司比较困难，因为大部分公司尚处在布局阶段，业绩尚未呈现出来。因此在这个阶段投资 A 股中涉及云计算概念的公司，风险较大，等到业绩真正兑现的时候再进行选择也不迟。

3.4.6　食品饮料行业

食品饮料行业属于大消费概念的范畴。大消费指的是消费升级的概念，包含泛娱乐行业、体育行业、旅游行业、医疗健康保健行业、食品饮料行业等。消费类行业适合价值投资，但要注意选择龙头企业，因为消费是持续不断的，消费类公司的总价值是稳定增长的，那么总市值也是不断随之增长的，利用市盈率指标，逢低买入，或长期持有，或找高点兑现。

食品饮料行业的特点是不管经济上行还是下行，饭还是要吃的，牛奶还是要喝的，因此市场需求波动不会很大，业绩比较稳定，从长远来看，总会不断积累现金流，公司市值也会不断攀升，因此这类消费股特别适合长期持有。

尤其是在熊市里面，题材股原形毕露、屡跌不止的时候，你才会发现早就应该"喝酒吃药"，而且就白酒来讲，除了消费还可以储藏，其他公司的产品一般都是储藏越久，所计提的跌价准备就越多，贬值越多；而白酒则是储藏年份越久价值反而越大，对白酒企业来讲几乎不存在存货跌价的风险。消费类股票往往是熊市抗跌甚至逆势上涨的良好标的，贵州茅台（600519）与云南白药（000538）在2015年股灾之后满血复活并屡创新高就是证明，如图3-18、图3-19所示。

图 3-18   贵州茅台月 K 线图

图 3-19   云南白药月 K 线图

至于食品饮料行业具体该选择哪些公司，巴菲特告诉我们，看你平时喜欢吃哪些，喜欢喝哪些，就知道买什么公司的股票好，尤其是其中的一些行业龙头公司，比如以下几个公司。

伊利股份（600887）——公司位于内蒙古呼和浩特市，是乳制品制造行业龙头公司，主要业务涉及乳及乳制品的加工、制造与销售，旗下拥有液体乳、乳饮料、奶粉、冷冻饮品、酸奶等几大产品系列。2016年实现营业收入达603.12亿元，同比增长0.75%；净利润为56.62亿元，同比增长22.24%；基本每股收益为0.93元/股，同比提升22.37%；净资产收益率为26.58%，同比提升2.7个百分点；乳制品毛利率为38.33%，同比增长1.6个百分点，继续保持国内牛奶制品行业龙头地位，各项财务指标稳健增长。

克明面业（002661）——公司位于湖南省长沙市，是国内面业龙头公司。公司一直致力于挂面的研发、生产与销售。近两年来，公司为了夯实挂面行业的主导地位，积极拓展面类相关业务，陆续增加了面粉、半干面、冷冻面、乌冬面等品类的生产与销售业务。

海天味业（603288）——公司位于广东省佛山市，是国内调味品行业龙头公司。公司调味品的产销量及收入连续多年名列行业第一，是全球最大的调味品行业生产销售企业。2016年实现营业收入达124.59亿元，同比增长10.31%；净利润为28.43亿元，同比增长13.29%；基本每股收益为1.05元/股，同比提升12.90%；净资产收益率为32.00%，同比持平，连续六年保持在30%以上。公司最主要的产品酱油、调味酱和蚝油的毛利率分别达到47.54%、44.70%、38.24%，综合毛利率达到45.12%，同比增长2.9个百分点。各项财务指标继续稳健增长，是非常优秀的长线价值投资标的。

涪陵榨菜（002507）——公司位于重庆市涪陵区，主要从事榨菜、泡菜和其他佐餐开味菜等方便食品的研制、生产和销售，是目前全国最大的佐餐开味菜生产销售企业。公司产品的产销量名列行业第一，市场占有率和品牌知名度均为行业最高，其中乌江系列榨菜、惠通系列泡菜是公司主导产品。公司近三年日关键业绩指标如表3-7所示。

表 3-7　涪陵榨菜关键业绩指标

项　　目	2016 年	2015 年	2014 年	2016 年增长率	2015 年增长率
营业收入（亿元）	11.21	9.31	9.06	20.41%	2.76%
净利润（亿元）	2.57	1.57	1.32	63.69%	18.94%
毛利率	46.16%	44.09%	42.39%	2.07%	1.70%
净资产收益率	17.56%	12.85%	12.12%	4.71%	0.73%
每股收益（元/股）	0.49	0.3	0.25	63.33%	20.00%

从表 3-7 可以看出，涪陵榨菜近三年保持了良好的发展态势，尤其是 2016 年业绩增速非常快，毛利率、净资产收益率与每股收益均实现平稳提升，这种消费类行业的白马股值得长期持有。

3.4.7　旅游行业

随着国民收入水平以及对生活质量要求的提高，人们对旅游的需求越来越大，读万卷书不如行万里路，"不到长城非好汉""五岳归来不看山，黄山归来不看岳"……这些家喻户晓、人尽皆知的著名景点往往会被反复消费。

旅游属于前景光明、处于成长期的行业，它与一般行业的区别是，一次性投入建造形成产品之后不需要再进行资本性投入，除非改建、扩建，用未来几十年甚至几百年来回收现金流。近年来旅游行业也有整体消费升级的趋势，不只要游览，还要游玩，因此包含一些娱乐节目、游玩项目的大型游乐场所、游乐园备受人们的喜爱，将旅游、休闲、运动、娱乐集于一体，以满足游客多层次的旅游需求，例如欢乐谷、世界之窗、方特等。

万达公司在安徽省合肥市投资 300 多亿元建设的万达城、在广州花都区投资 500 多亿元建设的万达文化旅游城，将历史文化与当地流传下来的民风民俗结合起来，开发出一系列引人入胜的游乐项目，提高了整体的吸引力。

当然，旅游行业的投资特点决定了它的回收期较长，没有雄厚的资金实力做支撑，一般中小企业运营不了；投资回收期的长短又与景点的客流量紧密相连，因此在旅游行业应选择那些拥有中外著名景点作为核心资产、离大城市较近、四周交通较为通畅、当地居民人口众多可以反复消费的上市公司作为目标。

黄山旅游（600054）——"五岳归来不看山，黄山归来不看岳"，足见黄山的魅力，奇松、怪石、云海、温泉亮点十足。2016 年公司实现营业收入达16.69 亿元，净利润为 3.52 亿元，同比分别增长 0.28%、19.04%，财务指标表现稳健。

宋城演艺（300144）——公司位于浙江省杭州市，是两市演艺第一股，主要从事文化演艺和泛娱乐业务。经过多年的发展，公司已经形成了现场演艺、互联网演艺和旅游休闲服务三大板块。其中，现场演艺业务主要为千古情系列演出和主题公园集群，其收入主要来源于演出门票；互联网演艺业务主要是指六间房从事的互联网业务，其收入主要来自于虚拟物品的销售；旅游休闲服务业务主要是指宋城旅游承载的管理输出、品牌输出、创意输出的轻资产运营模式以及网络销售平台，形成自主投资运营和景区托管运营并重、直销和分销渠道并举的格局，发挥专业优势，扩大公司品牌影响力和销售渠道。

2016 年公司实现营业收入达 26.44 亿元，同比增长 56.05%；净利润为 9.02亿元，同比增长 43.1%；基本每股收益为 0.62 元/股，同比提升 37.78%；净资产收益率为 15.07%；现场演艺与互联网演艺业务的毛利率分别为 71.16%、50.00%，盈利能力较强，未来仍有广阔的发展空间。

3.4.8 泛娱乐行业

泛娱乐行业概念很广，本书主要关注影视行业和动漫行业。先看影视行业。目前国内的影视行业，尤其是电影行业，步入了快速发展的黄金时期。

随着国民收入水平的提高以及消费观念的变化，观影人次呈现稳步上升的趋势。影视行业的风险主要有广电总局的审查风险、收视率风险或票房风险，当然该行业一般是先花钱后收钱，比如拍电影先要支付演职员的薪水，然后支付发行宣传费用，等真正上映时，也要先支付一部分费用给院线，整个过程从拍摄到真正拿到回款，一般需要 2～3 年的时间，这跟房地产行业形成鲜明的对比。

房地产开发公司都是先拿地画圈，说要在这里盖商品房，老百姓一拥而上先把钱交了，然后房地产开发商才开始建设，相当于借用买房者的资金还不用支付利息，建设周期在 2 年左右，才会交房给买房者，因此房地产行业在资金周转上面的风险其实是小于影视行业的，如果找不到投资方，再好的影视作品也难产，这也是影视行业比较大的风险。

影视行业的作品，赚钱的大概有以下两种类型。

一是爆款 IP 及其衍生系列。例如最近大热的鬼吹灯系列，从《寻龙诀》到《盗墓笔记》，再到相关的同样是盗墓题材的《精绝古城》，这类题材本身就具有大量的文学粉丝，鬼魅离奇却又不乏逻辑，如梦似幻的剧情吸引了大批追随者，投资相关作品的影视公司也是收益颇丰。

二是真正贴近人们生活，能引起群众共鸣的佳作。最高人民检察院影视中心牵头出品的《人民的名义》就是这类作品，它敢于将反腐题材摆到台面上深度挖掘，既不会由于尺度过大被广电总局否决掉，也不像一般影视作品那样对反腐题材点到即止或讳莫如深，尺寸拿捏得恰到好处，在用人方面老戏骨们精湛的演技也吸引了大批粉丝，创造了收视神话，上市公司宋城演艺与凤凰传媒随之业绩大增。

如果影视作品能坚持群众路线，从群众中来，到群众中去，用实力来打动观众，那么赚钱就不难。如果只是哗众取宠，靠"小鲜肉"或"花瓶"来堆积人气，则迟早要过气。对影视公司的选择，基本就看最近参投的作品风格、口碑，只有市场认可的作品才是有利可图的。

对于院线领域，可关注万达院线（002739）——两市院线第一股。院线相对于生产内容的影视制作公司来讲，它的优势在于旱涝保收，只要有电影在上映，院线总会有提成收入，相当于固定租金；而某部电影赚不赚钱，则是电影公司考虑的事，正所谓"开金矿的不一定赚钱，但卖铲子的一定赚钱"。

院线相对于影视公司来讲，还是有一定的优势地位的。例如 2016 年冯小刚与王思聪的一场骂战，缘由就是万达院线利用自己的市场优势地位对冯小刚的电影《我不是潘金莲》（华谊兄弟出品，冯导也是华谊兄弟股东）排片太少，影响了后者的票房收入，排片少的理由就是万达院线不看好该片，真正理由是华谊兄弟从万达挖人引起对方不满，不管怎样，华谊兄弟 2016 年营业收入与净利润均出现了下滑。因此，投资院线比投资影视公司风险更低、更稳健一些。

接下来看动漫行业。在动漫行业中建议关注奥飞娱乐（002292）——原名"奥飞动漫"，2006 年创作的《喜羊羊与灰太狼》伴随着一代人的成长，至今周边产品还在分享它的余温红利。对于以内容制胜的产业，适合在低谷期买入，在推出火热产品价格高涨的时候卖出。

3.4.9　医药医疗业——中药

随着国民生活水平的提高以及对健康的逐步重视，加之现在食品低劣、环境污染、生活压力方面的问题，导致对医药医疗服务的需求大幅提升，医药制造与医疗业将是大消费里面的重头戏，而且医药行业也容易出现大批绩优白马股，值得投资者重点关注。

康美药业（600518）——成长迅速的中医药龙头企业，产品以中药为特色和主打，涵盖中药饮片、中药材贸易、保健品、中药材市场经营、医药电商和医疗服务等，已形成完整的大健康产业布局和产业体系，打造全产业链发展模式，在上游实现了对中药材供应核心资源的掌握；在中游掌握了中药材专业市场这一中医药产业中枢系统，搭建了"康美 e 药谷"线上中药材大宗交易电商平台，并建设了现代医药物流配送系统，从而形成公司独特的战略性壁垒和优势；在下游打造了全方位多层次营销网络，并推动以智慧药房（移动医疗+城市中央药房）为代表的移动医疗项目的持续落地，成功切入医疗服务这一大健康产业战略高地。公司近三年的关键业绩指标如表 3-8 所示，二级市场表现如图 3-20 所示。

表 3-8　康美药业关键业绩指标

项　　目	2016 年	2015 年	2014 年	2016 年增长率	2015 年增长率
营业收入（亿元）	216.42	180.67	159.49	19.79%	13.28%
净利润（亿元）	33.4	27.57	22.86	21.15%	20.60%
毛利率	29.90%	28.34%	26.21%	1.56%	2.13%
净资产收益率	14.88%	18.54%	17.74%	−3.66%	0.80%
每股收益（元/股）	0.667	0.623	0.52	7.06%	19.81%

图 3-20　康美药业月 K 线图（前复权）

片仔癀（600436）——公司位于福建省漳州市，主要业务包括中成药制造、医药流通，其中核心的主打产品为片仔癀系列。片仔癀是一种有 450 多年历史的传统名贵中成药，被海外华人誉为国宝名药，具有消炎、清凉解毒、消肿止痛等作用，对急性肝炎、咽炎、耳炎、痈疽疔疮、无名肿毒、跌打损伤及一切炎症引起的疼痛、发热等症状均有疗效，并能抑制消化系统癌细胞的生长，具有十分广阔的市场需求。

除药品销售之外，公司还积极打造健康、保健、养生食品的大健康产业，产品延伸至保健药品、保健食品、特色功效化妆品和日化产品。公司近三年的关键业绩指标如表 3-9 所示。

表 3-9　片仔癀关键业绩指标

项　　　目	2016 年	2015 年	2014 年	2016 年增长率	2015 年增长率
营业收入（亿元）	23.09	18.86	14.54	22.43%	29.71%
净利润（亿元）	5.36	4.67	4.39	14.78%	6.38%
毛利率	48.95%	47.01%	49.92%	1.94%	−2.91%
净资产收益率	16.20%	15.43%	16.79%	0.77%	−1.36%
每股收益（元/股）	0.89	0.77	0.73	15.58%	5.48%

从表 3-9 可以看出，片仔癀近三年保持了持续增长态势，2016 年营业收入与净利润均实现了双位数增长，毛利率接近 50%，大幅高于康美药业，这是由于片仔癀产品特质决定了它具有较强的定价能力；净资产收益率维持在 15% 以上，每股收益也在持续提升，是大众医药消费领域当中优良的投资标的。我们

从它的市场表现上也可以看出投资者对片仔癀的认可，如图 3-21 所示。

图 3-21　片仔癀月 K 线图（前复权）

3.4.10　医药医疗业——西药

医药医疗业——医药行业不止"白大褂"多，白马股也多，体现出良好的市场成长性。我们来看业绩高速增长的一家以西药为主的公司——济川药业（600566），公司位于江苏省泰兴市，以生产清热解毒类、消化类、儿科类药品为主线，主要产品为蒲地蓝消炎口服液（2015 年在全国公立医院市场的占有率为 7.45%，排名第四）、雷贝拉唑钠肠溶胶囊（市场占有率为 32.06%，排名第一）、小儿豉翘清热颗粒（市场占有率为 34.78%，排名第一）等。2017 年 3 月 25 日，济川药业公布了 2016 年年报，主要业绩指标如图 3-22、图 3-23 和表 3.10 所示。

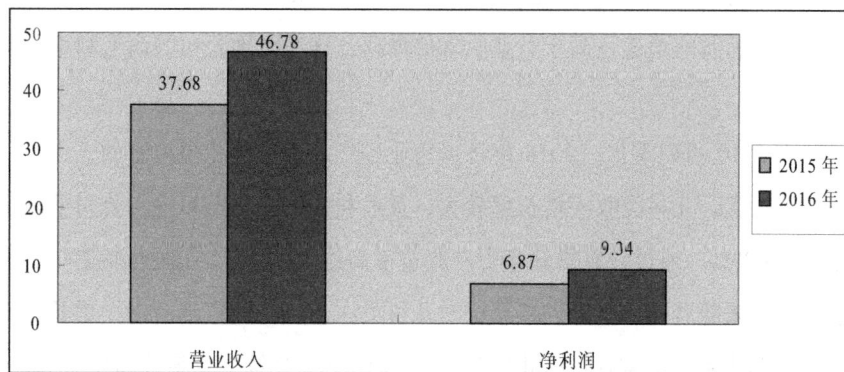

图 3-22　济川药业 2016 年与 2015 年业绩对比图（单位：亿元）

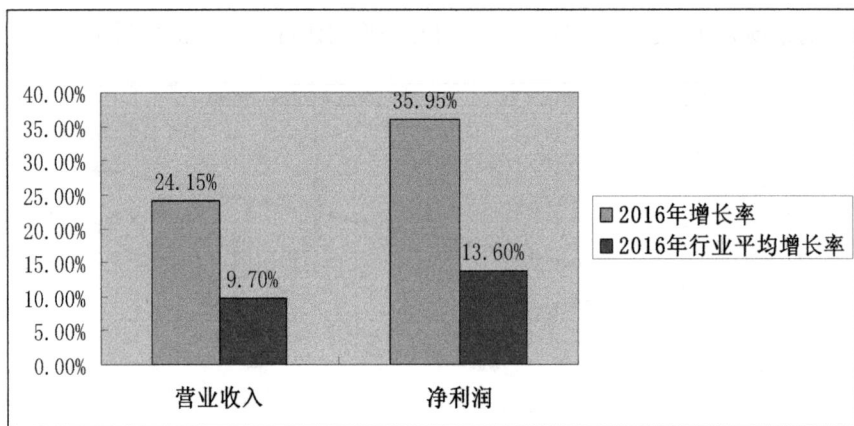

图 3-23　济川药业增长能力图

表 3-10　济川药业各产品类别的营业收入及毛利率情况

产品类别	2016 年营业收入（亿元）	2016 年营业收入增长率	毛利率
清热解毒类	21.36	28.45%	87.38%
消化类	10.92	11.96%	94.04%
儿科类	6.71	35.92%	86.19%
呼吸类	2.06	15.64%	87.50%
心脑血管类	0.77	4.00%	71.77%
妇科类	0.53	83.98%	76.17%
其他	2.73	53.40%	50.45%
合计	46.78	24.15%	85.29%

从图 3-22 和图 3-23 可以看出，2016 年济川药业实现营业收入达 46.78 亿元，净利润为 9.34 亿元，同比分别增长 24.15%、35.95%，体现出良好的成长性。同时净利润的增速还高于营业收入的增速，这是由于公司的高毛利率水平带来的结果。

从表 3-10 可以看出，2016 年济川药业各产品线也是相当给力的，主要产品清热解毒类、儿科类收入增长率较大，且毛利率均在 85% 以上，公司整体毛利率为 85.29%，通过计算得知净资产收益率高达 29.95%，在医药制造行业名列前茅。未来随着二胎政策的放开，对儿科类医药产品的需求会继续增长，加上国民对健康生活的重视，公司有望继续快速成长，持续看好该公司发展前景。

我们来看公司股票在年报公布日前后的走势，如图 3-24 所示。

图 3-24 济川药业 2016 年年报公布日前后股价走势日 K 线图

3.4.11 医药医疗业——特色专科药

还有一家容易被大家忽视的主打各类特色专科药的上市公司——丽珠集团（000513），其主要产品为制剂、原料药、中间体、诊断试剂及设备，包括参芪扶正注射液、丽珠得乐系列产品、抗病毒颗粒、注射用尿促卵泡素、尿促性素、注射用伏立康唑、注射用鼠神经生长因子、注射用亮丙瑞林微球等中西药制剂，以及一些原料药、中间体、诊断试剂产品。公司产品独具特色，一般是一些专门的行业领域（例如科学实验、检测检疫等场合）所需的药品，受国家药价监管政策的影响较小。公司近三年的关键业绩指标如表 3-11 所示。

表 3-11 丽珠集团关键业绩指标

项 目	2016 年	2015 年	2014 年	2016 年增长率	2015 年增长率
营业收入（亿元）	76.52	66.21	55.44	15.57%	19.43%
净利润（亿元）	7.84	6.23	5.16	25.84%	20.74%
毛利率	64.09%	61.10%	61.35%	2.99%	-0.25%
净资产收益率	15.48%	15 51%	14 66%	−0 03%	0.85%
每股收益（元/股）	1.98	1.62	1.34	22.22%	20.90%

从表 3-11 可以看出，公司近三年的营业收入与净利润增速较快，净资产收益率维持在 15%左右，每股收益也在快速提升。值得一提的是，2016 年公司毛利率达到 64.09%，是医药制造行业平均水平（30.31%）的两倍以上，这与公司经营专科化产品有关，受国家药价监管政策的影响较小，得以保证有较高的毛利率。这也是公司经营的一大特色，二级市场对该特色经营表现出认可，如图 3-25 所示。

图 3-25　丽珠集团月 K 线图（前复权）

3.4.12　医药医疗业——医疗

医疗领域推荐鱼跃医疗（002223）——公司位于江苏省丹阳市，主要业务是提供家用医疗器械、医用临床器械和互联网医疗服务，研发、制造和销售医疗器械产品是公司目前的核心业务，产品主要集中在呼吸供氧、康复护理、手术器械等领域。

2016 年公司实现营业收入达 26.33 亿元，净利润为 5 亿元，同比分别增长 25.14%、37.36%；业绩的一大亮点是电子商务平台销售同比增长 50%以上，成为公司新的业绩增长点；毛利率为 38.69%，高于医疗行业 35.71%的平均水平；每股收益为 0.8 元/股，同比提升 29.03%，未来发展进一步看好。

3.4.13　家居家具行业

随着我国城镇化进程的加快，以及城市房地产的发展，人们对自身居住场所舒适化、个性化的要求越来越高，家居家具行业焕发出新的活力与动力，成为近年来业绩持续高速增长以及投资回报率较高的板块，未来仍有望进一步成长。

索菲亚（002572）——家居定制行业的绝对龙头公司，位于广州市增城区。公司主要从事全屋定制家具及配套家居产品的设计、生产及销售，为消费者提供全屋定制的空间解决方案。在国内公司较早引入了"定制衣柜"的概念，通过将手工打制衣柜的个性化解决方案和成品衣柜规模化、标准化生产的优势有效结合，充分运用信息技术和现代制造技术，为消费者提供定制化、个性化的产品。

经过十余年的经营积累，目前公司定制衣柜及其配套定制家具产品已形成了多种空间、多种品类、多种风格自由搭配组合的产品方案，"索菲亚"已经成为国内定制家具的领导品牌和驰名商标。2016 年实现营业收入达 45.3 亿元，同比增长 41.75%；净利润为 6.64 亿元，同比增长 44.66%；基本每股收益达到 1.48 元/股；加权平均净资产收益率达到 22.55%，各项指标均平稳上行，业绩良好，同时在二级市场股价也呈现出不断攀升的趋势，如图 3-26 所示。

图 3-26 索菲亚月 K 线图（前复权）

好莱客（603898）——位于广东省广州市，是 2015 年年初上市的家居公司，主要从事全屋定制家居及其配套家具，是国内定制家居整体解决方案提供商。主要产品包括但不限于整体衣柜、整体衣帽间、整体书柜、整体电视柜、整体酒柜、榻榻米及其他配套产品等。

公司秉承"定制家居大师"的品牌理念，凭借对创意家居的深究及前瞻性布局，为消费者提供以设计和环保为核心理念的全屋定制家居产品的整体解决方案。公司近三年的关键业绩指标如表 3-12 所示。

表 3-12 好莱客关键业绩指标

项 目	2016 年	2015 年	2014 年	2016 年增长率	2015 年增长率
营业收入（亿元）	14.33	10.82	9.01	32.44%	20.09%
净利润（亿元）	2.52	1.62	1.41	55.56%	14.89%
毛利率	39.65%	37.78%	37.34%	1.87%	0.44%
净资产收益率	24.10%	20.17%	42.93%	3.93%	−22.76%
每股收益（元/股）	0.86	0.58	0.64	48.28%	−9.38%

从表 3-12 可以看出，好莱客近三年业绩增长良好，尤其是 2016 年增幅较大，各项财务指标不断优化，值得重点关注。

曲美家居（603818）——位于北京市朝阳区，是 2015 年年初上市的家居公司，主要从事中高档民用家具及配套家居饰品，为消费者提供整体家居解决方案。公司秉承"设计创造生活"的理念，让家居产品成为传达"简约、时尚、现代"的文化载体。

公司主要产品类型为木质家具，涵盖实木类家具、人造板类家具和综合类家具，包括客厅、书房、卧室、餐厅、儿童、定制等主要家居类型及床垫、饰品等配套家居产品。公司近三年的关键业绩指标如表 3-13 所示。

表 3-13　曲美家居关键业绩指标

项　　目	2016 年	2015 年	2014 年	2016 年增长率	2015 年增长率
营业收入（亿元）	16.64	12.55	10.94	32.59%	14.72%
净利润（亿元）	1.85	1.17	1	58.12%	17.00%
毛利率	40.29%	37.37%	36.48%	2.92%	0.89%
净资产收益率	14.24%	11.71%	16.95%	2.53%	−5.24%
每股收益（元/股）	0.38	0.26	0.28	46.15%	−7.14%

从表 3-13 可以看出，与好莱客类似，曲美家居近三年业绩增长也表现良好，2016 年增幅较大，毛利率、净资产收益率、每股收益不断优化，值得重点关注。

友邦吊顶（002718）——公司位于浙江省海盐县。公司一直从事集成吊顶的研发、生产和销售，在报告期内，集成吊顶业务收入占主营业务收入的比重为 100%。凭借设计研发能力，公司产品丰富、系列齐全、款式新颖，新产品推出速度快，且常常成为引领行业流行方向的风尚标，受到市场的广泛认可。公司近三年的关键业绩指标如表 3-14 所示。

表 3-14　友邦吊顶关键业绩指标

项　　目	2016 年	2015 年	2014 年	2016 年增长率	2015 年增长率
营业收入（亿元）	5.08	4.11	3.79	23.60%	8.44%
净利润（亿元）	1.26	1.21	1.05	4.13%	15.24%
毛利率	49.32%	51.27%	51.84%	−1.95%	−0.57%
净资产收益率	15.73%	21.11%	22.24%	−5.38%	−1.13%
每股收益（元/股）	1.48	1.46	1.28	1.37%	14.06%

从表 3-14 可以看出，友邦吊顶近三年业务稳健增长，美中不足的是净资产收益率稍微有所下滑，但仍位于 15% 以上；毛利率也有轻微下降，但仍维持在 50% 左右的较高水平，远高于 36.32% 的行业平均水平，值得保持关注。

3.4.14　新地产

随着传统居住地产的渐趋饱和，房地产行业未来的发展方向是新地产，例如商业地产、工业地产、旅游地产，尤其是物流地产与养老地产。物流地产可以归属于工业地产范畴，物流地产的投资商可以是房地产开发商、物流商、专业投资商等，物流地产的投资建设更强调管理的现代化、规模效应、协同效应。

互联网经济带来了物流行业的腾飞，顺丰、中通、圆通、韵达等快递公司发展迅速，相应的物流地产，例如物流园区、物流仓库、配送中心、分拨中心等物流业务的不动产载体，也将是未来发展较快的领域。

对于养老地产，随着我国老龄化进程的加快以及独生子女的增多，养老难的问题亟待解决。目前需要接受养老服务的一般在 70 岁左右，也就是 20 世纪 40 年代左右出生的老人，这一代人一般膝下有 3 ~ 5 个子女，尚可轮流照顾老人；但再过二十年左右，也就是 60 年代出生的这一代人到了养老年纪的时候，独生子女的问题就比较突出，届时养老地产的重要性就凸显出来了。

养老地产的盈利关键在于居住与服务相结合，不仅要照顾老人的日常起居，还要在医疗、护理、健康、文体活动等方面提供全方位的高质量的贴心服务，如此才能吸引更多的老人。

我们来看新地产中的旅游地产代表——华侨城（000069）——"旅游地产 + 并购"的战略，使得这个传统地产公司焕发出新气象。

2016 年华侨城实现营业收入达 354.8 亿元，同比增长 10.1%；归属于上市公司股东的净利润为 68.9 亿元，同比增长 48.4%，营业收入、净利润两个指标均创下历史新高；房地产业务收入为 189 亿元，与上年基本持平，但毛利率较上年增加 3.25 个百分点，这使得房地产业务贡献的营业利润增长约 6 亿元。

除房地产业务外，华侨城经营的最大亮点在于旅游板块收获颇丰，2016 年接待游客 3456 万人次，较去年增长 5.4%，带动旅游业务营业收入达 160 亿元，较去年增长 29.91%。旅游业务增长主要源自各景区加强产品品质的提升和经营模式的创新，比如武汉欢乐谷二期、上海水公园二期如期推向市场，京津欢乐谷联动、武汉推出双园套票等活动。

净利润暴涨的另一个原因是政府补助大幅增加，2016 年计入当期的政府补助达 8.9 亿元，较上年增长 106%，该部分约占利润总额的 9%，其中最主要的补助项目为"旅游度假区奖励金"，金额为 8.34 亿元。2015 年年底华侨城完成 57 亿元定增，用于收购控股股东华侨城集团持有的武汉华侨城 15.15% 的股权、上海华侨城 9.87% 的股权、酒店管理公司 38.78% 的股权等。

2016 年 12 月 30 日华侨城总资产达 1462 亿元，较 2015 年同期增长 26.90%，这是近五年来最高增速。但这样的成绩似乎并不能完全令华侨城满意，在华侨城 2017 年的工作计划中，提出将借助并购、跨界重组、重资产变现等方式，积极推进"文化+旅游+城镇化"及"旅游+互联网+金融"战略，并与集团协同，打造四大业务体系。

其中，旅游综合以欢乐谷为核心，以新业态选择性布局三、四线城市，并逐步打造系列 IP；金融主要服务于自身业务发展；财务投资主要布局渤海证券、西银租赁以及远致富海等产业基金。华侨城跨越式发展的一大手段是大规模"造城"运动。

2016 年，华侨城在深圳先后布局了凤凰小镇、甘坑新镇、大鹏文化旅游带、光明新城等项目；与成都各区县政府签约了安仁、天回、黄龙溪、海螺沟等项目；与云南省政府合作打造了"昆大丽""昆玉红""昆腾瑞"三条精品旅游线路及景区景点开发建设；与郑州市中原新区管委会签署了战略合作协议，打造中原华侨城大型文化旅游项目，涉及投资 500 亿元；12 月 28 日，华侨城筹划多年的南昌华侨城项目也终于拿到土地；此外，华侨城还提出了"100 个美丽乡村计划"。

据统计，上述合作协议项目金额已达 5000 亿元。此前一向低调、追求稳健的华侨城，为何突然转向激进型打法？不愿错过城镇化和产业转型的大机遇，也许是华侨城转变风格的主要原因。国家确定了许多中心城市，要求服务业占比在 50%以上，这就使得大城市需要发展文化旅游业、金融业、物流业等现代服务业。这是形势所迫，是政府转型和调整产业结构的需要，华侨城的产业选择恰好契合了这种需求，迎来了更好的发展机遇。

3.4.15　证券行业

证券行业属于大金融概念范畴，大金融包括证券、银行、保险、信托、基金、资产管理、期货七大行业。我国金融行业整体发展水平还比较低，各项监管政策还不完善，经常出现各种突发性的风险事件，例如 2014 年光大证券的"乌龙"事件，但参考国外发达国家的金融市场，我们的金融行业还有很大潜力。

金融行业也是一个周期性行业，具有明显的波峰、波谷的波动特征，一般在熊市中萎靡几年，然后在牛市中迅速拉起，因此对金融行业的投资，踏对节拍最重要。

证券行业的主要业务有证券经纪、投资银行、资产管理、自营投资、财务顾问等。经纪业务主要包括证券及期货经纪、代销金融产品等。投资银行业务包括股权融资、债券及结构化融资和财务顾问等。资产管理业务包括集合资产管理、定向资产管理、专项资产管理、基金管理及其他投资账户管理等。投资业务主要包括私募股权投资等。

证券行业从来不会缺席任何一轮牛市，是牛市中最大的受益者之一。活跃的成交量贡献了可观的手续费，经纪业务会有一个爆发性增长，而融资融券、资产管理、自营投资等其他业务在牛市中也是如鱼得水，多点开花。

因此，券商也有"三年不开张，开张吃三年"的说法。如果一轮牛市来临了，券商却迟迟未启动，那么赶紧买入吧，券商可能会迟到，但绝不会缺席。

2007 年的牛市，券商龙头公司中信证券的股价从 2005 年的 4 元多，上涨至历史最高点 117.89 元，当时的券商成为牛市龙头；2015 年的牛市形成原因如下：

- 一是当时房地产萎缩导致了财富转移效应，资金从地产转入股市；

- 二是实体经济下行倒逼央行不断降准降息带来的货币宽松；

- 三是国家轰轰烈烈地掀起央企改革释放红利；

- 四是国家提倡的"大众创业、万众创新"所引发的激发社会活力的创业热潮提高了创业板的风险偏好，加上场外配资加杠杆推波助澜，使得上证指数从 2014 年年中的 2000 多点，上涨到 2015 年 6 月中旬的 5178 点，涨幅超过 250%。

中信证券（600030）——券商龙头公司，主要业务为证券经纪、投资银行、资产管理、交易及相关金融服务，连续数年稳居券商行业排行榜第一位。2016 年实现营业收入达 380.02 亿元，同比下滑 32.16%；净利润为 103.65 亿元，同比下滑 47.65%。2016 年业绩的下滑与萎靡的资本市场有关，2016 年年初证监会的熔断试验严重打击了投资者的风险偏好，导致成交低迷，证券公司的其他业务亦受牵累。

在牛市中，券商当中的龙头公司往往能成为股市涨跌的风向标，在熊市中波动幅度则较小，券商并不适合在熊市中参与操作，从图 3-27 中就可以看出证券公司股价的波动特点。

图 3-27   2014—2015 年大牛市中中信证券月 K 线图（前复权）

2015 年牛市的龙头公司热点众多，创业板的全通教育（300359）淋漓尽致地演绎了麻雀是如何飞上枝头变凤凰的。作为两市唯一一只在线教育概念股，全通教育在 2015 年上半年的大牛市中一骑绝尘，创造出了 467.57 元的当时两市最高股价。

　　然而，没有足够的业绩支撑、紧靠题材炒作的硬伤，使得它在随后的股灾中一路暴跌（如图 3-28 所示），繁华过后，一地鸡毛。中国股市牛短熊长，散户众多，非理性地冲进杀出使得 A 股经常暴涨暴跌，给投资者上了重要的一课。

图 3-28　2014—2015 年牛市中的明星股全通教育（月 K 线图，不复权）

3.4.16　银行业

　　对银行股的投资要有耐心。银行股一般盘子大、总市值高、业绩好、股价波动较小，并且分红高且稳定，对银行的资本管理监管较严，因此用市净率（股价/每股净资产）来评价股价高低比用市盈率要好一些，当股价跌至 0.75 倍的每股净资产的时候，往往就是捡钱的机会。

　　银行的报表需要专业知识才能看懂，除了共同的财务指标，还有一些银行业特有的业绩指标，如坏账率，考察银行贷款的质量，用坏账数额除以总的贷款金额，该指标越低越好；资本充足率，用各级资本除以总资产，我国对银行业的资本充足率有各级标准，当低于该标准时，银行会被要求补充相应的资本金额。

　　浦发银行（600000）——是业绩优良、发展迅速、管理规范的股份制银行代表。2016 年实现营业收入达 1607.92 亿元，净利润为 530.99 亿元，同比分别增长 9.72%、4.93%；基本每股收益为 2.40 元/股，加权平均净资产收益率为 16.35%，不良贷款率为 1.89%

　　招商银行（600036）——近年来发展势头很猛，大有赶超传统"四大行"之势，被评为最会赚钱的银行，其发展优势在于零售业务，针对个人的特色理财、信用卡、投资服务等业务的发展卓有成效，总部所在地深圳富人云集，以高科技和金融为标杆的新经济发展迅速，为招商银行的零售业务提供了肥沃的土壤。

2016 年实现营业收入达 2090.25 亿元，净利润为 623.8 亿元，同比分别增长 3.75%、7.52%；每股收益为 2.46 元/股，加权平均净资产收益率为 16.27%，不良贷款率仅有 1.87%，一级资本充足率为 10.09%，财务指标十分优秀，是长期投资或打新市值配售的优良标的。

3.4.17 保险行业

保险行业与银行业类似，也是负债经营的。除保费收入以外，保险公司还可以用其资金进行对外投资，具有较大的安全边际。

中国平安（601318）——手握保险、银行、证券、期货、基金、资产管理、互联网金融等行业全牌照，是综合性金融服务提供商，当之无愧的航母级的企业集团。2016 年实现营业收入达 7124 亿元，净利润为 723.68 亿元，同比分别增长 14.90%、11.00%，其中寿险业务已赚保费收入以 33.60% 的速度增长，每股收益为 3.5 元/股，加权平均净资产收益率为 17.40%

但这类大象级别的超级大蓝筹股缺点也很明显，就是市值过大之后，股价要想有大的动静比较困难，一是需要资金量大；二是对指数影响也大，监管会关注。因此，这类股适合稳健型的长线价值投资者，其投资价值也将不断被发掘（如图 3-29 所示）。

图 3-29　中国平安月 K 线图（前复权）

3.4.18　信托业

安信信托（600816）——公司位于上海市黄浦区。信托龙头，上市公司中规模最大的信托公司。公司主要有两大块业务：固有业务和信托业务。固有业务指信托公司运用自有资本开展的业务，主要包括但不限于贷款、租赁、投资、同业存放、同业拆放等，该业务类型占比较小。

信托业务指公司作为受托人，按照委托人的意愿以公司的名义对受托的货币资金或其他财产进行管理或处分，并从中收取手续费的业务。与信托业务相关的收入体现在手续费及佣金收入中，公司 2016 年信托资金主要投向基础产业、房地产、实业等领域，并继续调整业务结构，向新能源、大健康和物流地产等领域进行业务拓展和布局。

公司入股营口银行、渤海人寿、泸州市商业银行等金融银行业。2016 年实现营业收入达 52.46 亿元，同比增长 77.54%，其中利息净收入为 1.78 亿元，手续费及佣金净收入为 45.16 亿元，投资收益为 2.8 亿元，公允价值变动损益为 2.72 亿元；实现净利润达 30.34 亿元，同比增长 76.17%；基本每股收益为 1.71 元/股，同比增长 63.54%，经营业绩与各项财务指标均呈现出非常积极的发展势头，在二级市场上的表现也是可圈可点的（如图 3-30 所示）。

图 3-30　安信信托月 K 线图（前复权）

3.4.19　期货业

期货是一种规范化远期合约的交易，交易对象有各类工业品、农产品、贵金属以及股指。与股票相比，期货的特点如下：

- 期货是一种既可做多又可做空的工具，而股票只能先做多再做空；
- 期货具有杠杆，保证金水平一般在 10% 左右，随品种而不同；
- 股票是除非公司退市，否则会长期存在；但期货品种具有到期日，一般在到期之前需要平掉合约，否则就进入交割环节，也就是转为现货交易。

期货的价值如下：

- 一是在于价格发现，为期货品种进行合理定价；
- 二是套期保值期货在我国的普及程度与影响力远远低于股票，因为期货风险比股票大，而且做期货最好需要时间盯盘，但是对一些产业投资者或经营者自身而言，期货却是一个很好的套期保值的工具。

目前参与期货交易的大部分还是投机性的散户。2016 年年初，期货品种螺纹钢和铁矿石从近五年低点短时间内翻倍迅猛反弹，引起了大众对期货的关注，许多大妈甚至抱怨期货公司宣传不够，让她们不知道还有这么好的发财机会。估计未来参与期货交易的投资者、投机者会越来越多，期货交易所也会推出越来越多的品种供选择，笔者较为看好期货市场的发展前景。

目前在 A 股市场上还没有直接上市的期货公司，而现实中期货公司也往往是证券公司的子公司。除券商以外，期货概念的上市公司还有一个可以关注，即厦门国贸（600755）——公司原先以从事大宗贸易为主，近年来旗下成立了国贸期货子公司以及风险管理子公司，提供期货经纪、资产管理、风险管理等期货服务。公司最大的优势在于将传统的大宗商品现货贸易和期货经营结合起来，发挥协同效应，利用一线现货价格来指导期货交易，这就是一般散户做不到的，公司在期货方面的业务收入占营业收入的比重也在持续提升。

2016 年公司实现营业收入达 980.77 亿元，净利润为 10.43 亿元，同比分别增长 52.74%、62.34%，其中加权平均净资产收益率为 11.76%，提升了 3.5 个百分点，可以保持关注。

3.4.20　社交行业

社交行业是最近十几年才兴起的。先是腾讯 QQ 引领的即时聊天模式，使得人与人之间的交流更方便、迅捷，迅速占领了国内大部分用户；2004 年成立的校内网（现在叫人人网）将现实中难以联系的高中、初中甚至小学校友连接起来，火遍大学校园。

随后微博、微信兴起，微博更是自媒体领域的典型代表，通过即时发布个人动态、社会热点及其评论，成为包括各行业精英、影视明星、社会大众的最爱，掀起了全民微博的时代，甚至由于微博传播的广泛性与及时性，一度成为反腐、揭发社会丑态问题的利剑。微信则主要应用在亲朋好友之间，与其他社交平台类似，主要通过提供流量入口或各种广告来实现变现。

社交平台还有一类就是根据用户共同的兴趣爱好或者需求而成立的，比如豆瓣最开始是基于热爱电影的用户，通过发布即时的影评而将大家聚集起来，后来豆瓣读书、豆瓣音乐的平台也是如此。

雪球就是根据共同的兴趣爱好——炒股，通过众多股民的投资经验、教训与心得的交流，俘获了大批股民。知乎则是通过分享生活、工作、职场，甚至任何领域中的知识与技能，而将普通大众连接起来

直播则是时下新兴的社交模式，通过连接主播视频，可以更真实、直观地了解对方，从原先的文字与图片，转换成更真实、更直接的活生生的视频，通过直播更容易建立稳固、真实的社交关系，甚至由此开发了另一片蓝海——网红经济。陌陌科技，原先是依靠陌生人之间的约会交友，迅速占领交友市场的，之后转型做直播，迸发出新的活力，再一次把握住了社交风口。

中国还没有像 Facebook 一样一统江湖的社交平台，目前的社交行业基本是各有侧重、各有特色，该行业的 A 股上市公司也较为稀少，未来前景光明。

3.4.21　共享经济

共享经济是最近几年才兴起的一种创业形态。共享经济基于对社会大众需求的认识与发掘，在某些较为稀少的社会资源上做文章，争取该资源的共同拥有与共同使用。共享经济的根基是社会大众需求的广泛性，导致该资源会被反

复使用，通过收取使用费而产生经济效益。

以摩拜、ofo共享单车的兴起为标志，共享经济+互联网的概念会不断活跃，相似的创业公司也将会大量涌现。共享单车解决的是"北上广深"大城市里打工族上班与下班挤地铁、挤公交难的问题，针对住处与公共交通站点的最开始一公里距离，以及公共交通站点与上班地点的最后一公里距离的问题，提供方便的单车服务。

当然，还解决了一些市内或郊区较近距离的出行问题，例如周末旅游休闲，骑单车确实是一种既经济又健康的出行方式。与有桩公共自行车相比，共享单车的优势在于不必把车停放在桩上，即使家附近没有桩也可以就近使用单车；与私人自行车相比，共享单车的优势在于不用担心被盗，即便单车丢失了，因为单车内有定位功能，也会很快被找回。

从受众来看，共享单车的市场潜力还是很大的，直击无车一族出行难的痛点，因此笔者十分看好共享单车的前景。尤其是融资能力强，资金流充沛，产品不断创新并且轻巧适用、安全舒适的公司，会在激烈的市场竞争中胜出。

当然，既然是共享经济，那么对民众的共享意识与共享意愿就有相对高的要求。共享单车面临的突出问题是少部分民众素质较为低下恶劣，往往会对产品进行恶意破坏，因为共享经济的推进是要付出一些成本的，但毕竟这是对新经济形势与新创业模式的探索，相信随着国民素质的提高与民众共享思维的普及，共享经济会不断深入发展。

共享经济领域内成功的公司，一是能解决大众真正的痛点，否则会被市场冷落；二是市场需求确实足够大，否则难以覆盖投资成本。比如最近兴起的共享充电宝，笔者相对不看好，因为现在几乎人手一部充电宝，携带方便，而且不少商场、餐馆、营业厅等公共场所已有部分充电服务，因此收取押金提供公共充电服务就显得没有戳中痛点，而且充电宝本身的价格比押金还便宜。

3.4.22　蓝海行业

所谓蓝海行业，就是处在一片刚被发现的空白市场中，市场上竞争对手很少，因此公司大有用武之地；而在一个开发殆尽的市场中，竞争激烈的行业就被称为红海行业。蓝海行业肯定比红海行业更值得投资，那么目前有哪些蓝海行业呢？

一是服务于巨头，处在巨头供应链上"抱大腿"的行业。例如苹果产业链的相关行业，德赛电池（000049）、劲胜精密（300083）、歌尔股份（002241）、长盈精密（300115）都随着一代又一代iPhone的上市，而迎来一拨又一拨的业绩爆发。

以长盈精密为例，该公司的主要业务为智能手机外观金属壳的研发、制造与销售。长盈精密抓住了近几年迅速发展的智能手机市场领域，专门为该市场提供产品配件，成为智能手机巨头华为、VIVO、OPPO、三星、LG的供应商，订单不断，充分享受了与巨头共同成长的红利。从表3-15可以看出，公司在2015年和2016年，不管是营业收入还是净利润，增长率都保持在52%以上，净资产收益率稳步提升，每股收益也得到大幅提升。

表 3-15 长盈精密 2014—2016 年关键财务指标

项 目	2016 年	2015 年	2014 年	2016 年增长率	2015 年增长率
营业收入（亿元）	61.19	38.89	23.2	57.34%	67.63%
净利润（亿元）	6.84	4.5	2.9	52.00%	55.17%
净资产收益率	18.76%	15.62%	15.85%	3.14%	−0.23%
每股收益（元/股）	0.76	0.51	0.35	49.02%	45.71%

二是成熟期行业中细分的蓝海行业。例如专注于智能停车的五洋科技（300420），本来主营业务是从事煤矿、钢铁、化工行业的运输装置和设备的生产制造，但这一行业属于传统行业，随着中国实体经济的下行而风光不再，公司业绩也随之有所下滑，2015年净利润减少29%，股东回报率减少7.7个百分点，每股收益下滑46%。于是公司决定在2016年进行转型，瞄准了智能停车这一行业，跟自己原先的主业相关但是属于更细分的领域，智能停车属于汽车行业的细分行业——汽车服务行业，针对停车为客户提供解决方案。

公司认为，随着汽车销售量的增长，停车难成为一大问题，而解决这一问题的公司寥寥无几，这就是一片蓝海市场，早进入就会取得先机，业绩也会迎来爆发点。

2016 年全资收购伟创自动化公司，围绕智能停车投资、建设、运营一体化业务进行布局，整合伟创自动化、同方佰宜在提供智能制造自动化控制系统与信息系统集成的解决方案上的优势，不断提升自身的整体技术水平和技术创新能力，提高产品质量和生产效率，顺应产业结构调整，充分发挥公司的技术优势和品牌优势，进一步增强公司的核心竞争力，不断扩大市场份额，打造"五洋科技"知名品牌，实现企业做大、做强。

由于并表影响，公司在 2016 年业绩大增，营业收入增长 1.9 倍，净利润增长 2.3 倍，股东回报率提高 2 个百分点，每股收益增长 7.14%，如表 3-16 所示。由于瞄准了新的细分市场，公司转型的前景值得进一步期待。

表 3-16　五洋科技 2014 年—2016 年关键财务指标

项　　目	2016 年	2015 年	2014 年	2016 年增长率	2015 年增长率
营业收入（亿元）	6.07	2.07	1.9	193.24%	8.95%
净利润（亿元）	0.73	0.22	0.31	231.82%	−29.03%
净资产收益率	7.51%	5.48%	13.18%	2.03%	−7.70%
每股收益（元/股）	0.3	0.28	0.52	7.14%	−46.15%

3.4.23　蓝海行业案例——老板电器

传统家电行业也属于成熟期行业，已经过了高速发展的时期，迎来存量市场博弈的阶段。传统家电巨头格力、美的、海尔、TCL 等围绕大部件产品厮杀，例如电视机、冰箱、空调、洗衣机等。而老板电器（002508）则独辟蹊径，深耕厨卫这块细土，推出油烟机、燃气灶、消毒柜等系列既实用又不会面临激烈竞争的产品。相对于整个行业，公司凭借其高端定位与行业领先优势持续保持快速增长。

从图 3-31 和图 3-32 可以看到，老板电器在 2011—2016 年的六年间，业绩可谓是步步高升且十分稳定，营业收入从 2011 年的 15.3 亿元增长到 2016 年的58.5 亿元，增长了 2.8 倍，每年的增长率均不低于 27%；净利润则从 2011 年的1.9 亿元攀升至 2016 年的 12.3 亿元，增长了 5.5 倍，每年的增长率均不低于 43%。这种业绩增长速度可谓是最优秀的价值投资标的，在格力、美的相继增长出现乏力的情况下，老板电器可谓是异军突起。

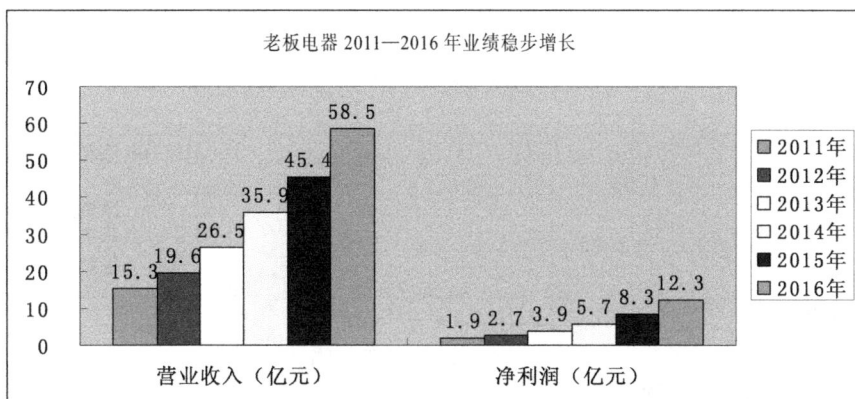

图 3-31　老板电器 2011—2016 年营业收入和净利润增长情况

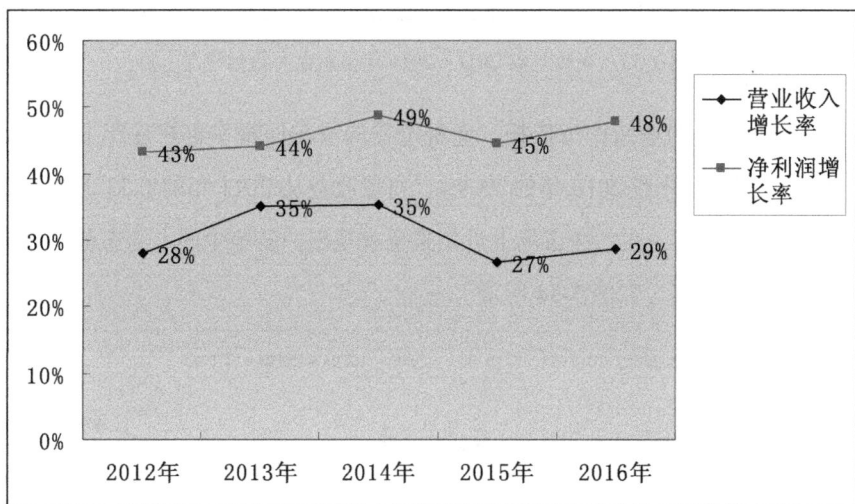

图 3-32　老板电器 2011—2016 年营业收入和净利润增长率情况

再看代表盈利能力的毛利率、净资产收益率及每股收益。从图 3-33 可以看出，老板电器毛利率从 2011 年的 52.5% 稳步提升至 2016 年的 59%，甚至没有出现任何一年下滑的情形，不得不佩服老板电器的近乎恐怖的成本控制能力。

我们以 2016 年为例来说明。2016 年，面对原材料全面涨价的不利因素，公司通过以下几项措施进行了有效应对：①内部实施提质增效；②加快发展高毛利电商渠道；③加快高毛利新品的推出，提升新品销售占比；④对费用实施有效控制，导致销售费用率有所下降，最终，净利润实现了快于营业收入的增长。

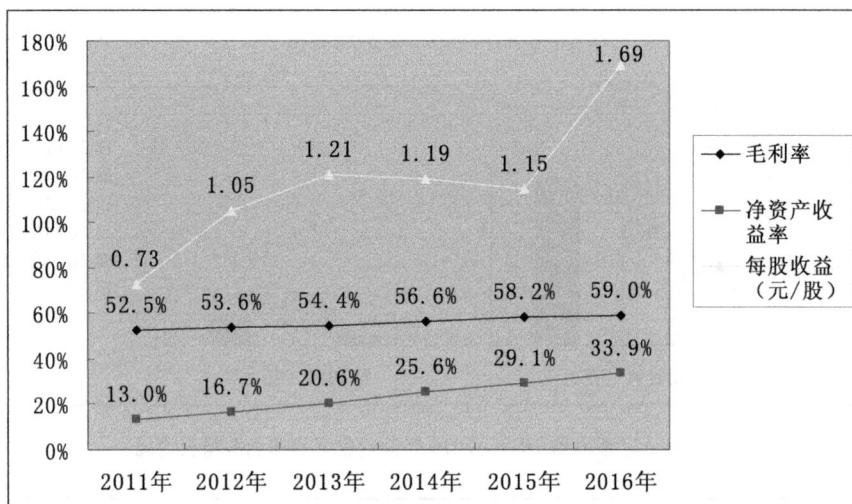

图 3-33　老板电器 2011—2016 年盈利能力指标情况

有如此优异的业绩作为依托，老板电器的股东回报率也在逐年上升，从 2011 年的 13% 上升到 2016 年的 33.9%，每股收益从 2011 年的 0.73 元上升到 2016 年的 1.69 元，在二级市场上近年来也表现出一骑绝尘的上涨态势，股价不断创出历史新高（如图 3-34 所示）。

图 3-34　老板电器月 K 线图（前复权）

不管是从哪个指标来看，老板电器均表现出了绝对优质白马股的特质，未来随着国民大众对健康生活以及厨卫设备的重视，相信老板电器还会有一个业绩上的不断提升，这样一个深耕细分行业，并在细分行业取得龙头地位的公司，值得投资者长期拥有。

3.4.24 蓝海行业案例——浙江美大

我们再看另一只家电白马股——厨卫行业里的浙江美大（002677）。浙江美大是一家主打集成灶产品的厨卫公司，多年来以打造健康与智能厨房为目标，并且首推厨房家电领域的革命性产品——集成灶产品的研发、生产和销售。

公司主导产品——美大牌集成灶最大的优势就在于它集吸油烟、烹饪、蒸烤、消毒等多种功能于一体，可解决厨房油烟污染难题，改善生活环境，因此广泛应用于家庭厨房以及公寓、部队、学校、医院等各大烹饪场所。

公司产品市场占有率保持在30%左右，2016年集成灶产品的营业收入占公司主营业务收入的93.04%，可谓专注。公司作为集成灶行业的缔造者，主营业绩突出，得益于2012年后集成灶的火爆，集成灶业务高速增长，盈利能力持续提升。

从近三年的关键业绩指标（见表3-17）可以看出，公司各项财务指标稳步上升，营业收入从2014年的4.7亿元上升到2016年的6.66亿元；净利润也从1.38亿元增长至2.03亿元，毛利率也都维持在50%以上，净资产收益率持续提升，2016年达到18.50%，发展势头非常好。

根据年报中的未来发展展望部分，未来公司将继续致力于中高端产品的研发制造，在规模化基础上不断提升产品档次，优化产品结构；研发方向为绿色环保类、智能化应用；产品发展方向为中高端集成灶系列、整体厨房、智能厨电、智能家居等；销售模式采取线上线下并行具有美大特色的O2O；业务扩张将合理依托资本运作，实现多元化经营。

笔者认为如今在装修新房的人中，追求简洁、方便的年轻人越来越多，集成灶应该会越来越受欢迎，持续保证产品质量，公司发展前景还是非常值得期待的。有优秀业绩作为依托，公司在二级市场上的表现也是稳健上涨的，如图3-35所示。

看完老板电器与浙江美大持续快速攀升的股价表现，相信我们没有理由再去根据各种无凭无据的小道消息炒作来炒作去，摒弃无业绩支撑的题材炒作、摒弃频繁交易，寻找业绩优良、稳步发展、专心做产品的具有工匠精神的公司并且长期持有，这才是真正的投资。

表 3-17　浙江美大关键业绩指标

项　　目	2016 年	2015 年	2014 年	2016 年增长率	2015 年增长率
营业收入（亿元）	6.66	5.18	4.7	28.57%	10.21%
净利润（亿元）	2.03	1.56	1.38	30.13%	13.04%
毛利率	54.82%	52.84%	53.34%	1.98%	−0.50%
净资产收益率	18.50%	15.32%	14.62%	3.18%	0.70%
每股收益（元/股）	0.32	0.24	0.34	33.33%	−29.41%

图 3-35　浙江美大日 K 线图（前复权）

3.5　传统行业与新兴行业的辩证选择

世界上唯一不变的是变化，时代在变化，时代的主角也在变化，经验和机制往往不再发挥作用，公司的掌舵人不应该沉浸在过去的成功之中，过去的辉煌反而容易成为沉重的包袱，使得公司对时代不再敏感，产品变得陈旧过时，逐步被淘汰在市场与时代之外，这就是百年老店如此稀少的原因。

历史上多少盛极一时的公司，例如诺基亚、柯达，国内的双星、长虹，其实并不是它们不优秀，而是这个时代变了，它们却没有跟着变，产品因循守旧，逐步被消费者所抛弃。正如古人云："变则通，通则久"。

反过来看，新兴行业就一定能打败传统行业吗？是不是我们要抛弃传统行业只追逐新兴行业呢？当然不是。互联网银行从 2006 年阿里巴巴红火起来的时候，就开始叫嚣着说十年内要颠覆传统银行业，但是现在十几年过去了，互联网银行还有动静吗？

赚钱的还不是那些大银行，互联网最多是提供了一个拉近客户与服务商距离的机会，但是只要客户的需求在，服务商就在，高净值客户需要 VIP、高质量、面对面服务，互联网银行可以提供吗？

而互联网银行客户再多，却不及高净值客户的九牛一毛，况且银行的高科技与互联网化方面的投入丝毫不弱，现在各大行的网上银行、手机银行比比皆是，建设得有模有样，互联网终究只是一个工具，它可以给客户提供更好的服务，但始终代替不了服务提供者。

因此，也不需要对新兴行业过于崇拜，认为新兴行业很快就能替代传统行业，抛弃所有的传统行业。世上只有相对的强弱、一时的强弱，关键是判断谁拥有核心竞争力、谁拥有优秀的业绩。

3.5.1　新兴行业的优势——以新传媒与旧传媒为例

我们以传媒行业为例，来说明拥抱新时代、新技术、新媒介的公司才会有更强的竞争力和更大的价值。

众所周知，近几年随着移动互联网的兴起，互联网巨头触角已经伸入传统出版行业，传统媒体行业首当其冲，受到猛烈的冲击，大家能在手机上免费阅读新闻、文章、小说、漫画，何必一定要再花钱买携带不方便的书、报纸或杂志呢？媒体行业，终归还是要抓住人的眼球才会有机会，移动互联网就这样抢走了人们的注意力和时间。

传媒行业在移动互联网兴起之后饱受摧残，尤其是传统传媒行业里的报纸、杂志、广播、电视，呈现出全面下滑的势态，与之形成鲜明对比的是互联网传媒异军突起，互联网广告保持高速增长，而谁能最早抓住这一变革带来的契机，谁就能更好地拥抱互联网，在传媒行业中重塑格局。下面以传统传媒行业中的南方传媒与新传媒中的分众传媒为例来说明。

3.5.2　传统传媒行业的代表——南方传媒

相对来讲，南方传媒（601900）属于传统传媒行业中的传统业务，公司的主营业务为图书、报刊、电子音像出版物的出版和发行，以及印刷物资供应和印刷业务，其中图书出版物主要为中小学教材、教辅、一般图书。

公司教材、教辅图书的出版发行收入占到了营业收入的 90% 以上。虽然公司年报中提及，公司在积极推进新媒体业务，例如数字出版、移动媒体等，积极构建综合性传媒业务架构，形成行业一体化完整产业链，但该业务尚未完全成型，更不用提带来良好的收入业绩了。

因此互联网公告也抢走了传统媒体的广告市场，导致传统媒体的发展空间越来越小，必须谋求转型，比如通过资本平台、战略合作、引进资源等方式加速转型升级，才能为传统媒体公司带来生机。

南方传媒为应对新媒体的挑战，提出推进媒体融合、加快转型升级的发展战略。公司制订了《推动媒体融合发展实施细则》，明确了云出版、云教育、云阅读、云媒体、云终端、数字印刷与信息化 7 个重点项目，通过数字化、网络化带动产业转型升级。2016 年公司实现营业收入达 49.18 亿元，净利润为 4.22 亿元，同比分别增长 6.87% 和 12.01%。我们来具体看一下营业收入的结构情况，如表 3-18 所示。

表 3-18　南方传媒各业务类型收入比重

业务类型	营业收入比重
出版	34.24%
发行	38.21%
物资	22.25%
印刷	3.85%
报媒	1.17%
其他	0.27%
合计	100.00%

从表 3-18 可以看出，虽然公司发力新媒体业务，但新业务所形成的现金流

收入微乎其微，公司收入来源还是传统的出版、发行、物资销售业务，因此这类公司在年报里描绘得再好、天花乱坠也没用，有没有业绩才是判断值不值得投资的依据，投资者绝对不要被年报中的夸夸其谈所诱惑，看业绩、看数据，才能知道到底是新传媒还是旧传媒。而在二级市场上，南方传媒自上市以来股价表现也呈现出下跌趋势，如图 3-36 所示。

图 3-36　南方传媒周 K 线图（前复权）

3.5.3　新传媒的代表——分众传媒

再来看分众传媒（002027），公司主营业务为生活圈媒体的开发和运营，主要产品为楼宇媒体（包含楼宇视频媒体和框架媒体）、影院银幕广告媒体、卖场终端视频媒体等，覆盖城市主流消费人群的工作场景、生活场景、娱乐场景、消费场景，并相互整合成为生活圈媒体网络。

分众传媒通过内生增长和外延式并购相结合的方式，发展成为国内领先的数字化生活圈媒体集团，覆盖了中国超过 2 亿的都市主流消费人群，构建了国内最大的城市生活圈媒体网络。

根据益普索咨询《2015 年楼宇液晶电视市场份额报告》，公司在全国楼宇视频媒体领域市场占有率约为 95%；根据益普索咨询《2015 年电梯海报媒体市场份额报告》，公司在全国电梯框架媒体领域市场占有率约为 70%；根据艺恩咨询 2015 年 1 月出具的《映前广告资源研究报告》，公司在全国影院映前广告领域市场占有率约为 55%。作为行业的领导者，公司拥有超高的市场占有率和强大的市场定价、议价能力，充分把握着行业市场的主导权。

从业务形态来看，公司选择的是以往传媒行业很少触及的封闭空间的被动式媒体，这是因为在移动互联网时代，资讯、内容太多，人被信息所淹没，广告越来越被稀释得很难记忆，而被动媒体的广告传播价值凸显，没有选择就是最好的选择；公司作为国内线下流量的第一入口，渗透到主流城市的主流人群中，处于受众必经的生活空间，封闭空间可以实现强制性的高频到达，具有品牌推广的引爆式效果，公司的"被动式""封闭性"的传播价值凸显。

2017 年 3 月 31 日，分众传媒公布了 2017 年第一季度业绩预告，预计 2017 年一季度实现净利润 10.5 ~ 11.5 亿元，比上年同期增长 61.70% ~ 77.10%，业绩继续保持高速增长的势头。而在二级市场上，分众传媒的股价表现也呈现出震荡上行、市值不断扩大的趋势，表明市场对新传媒的认可，如图 3-37 所示。

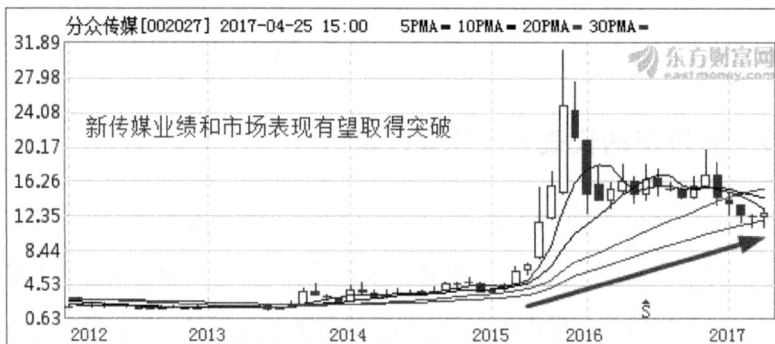

图 3-37　分众传媒月 K 线图（前复权）

3.5.4　传统行业的出路——以李宁为例

我们以在中国香港上市的国内运动鞋消费行业龙头李宁（02331.HK）为例，来说明传统行业如何把握新时代脉搏，进而让业绩二次腾飞。

从 2010 年开始，受国际品牌强势打入内地的影响，市场竞争日益激烈，导致国产品牌李宁的市场占有率日益下滑；2012 年，效力 20 年的 CEO 张志勇引咎辞职，由金珍君接任，但这并没有带来好转，2013 年李宁亏损 3.92 亿元，2014 年又亏损 7.81 亿元，李宁遭遇了创业以来最大的危机，年过半百的奥运冠军决定倾尽全力，将公司重新带回盈利的轨道上来。

2015 年接任 CEO 之后，李宁进行了一些新的营销策略的探索，先是重启"一切皆有可能"这一经典怀旧口号，引起了昔日众多粉丝的共鸣，当年的情怀又回来了。

随后，李宁开通了新浪微博，展开"互联网+"战略，李宁本人的形象从一位内敛、低调的奥运冠军，瞬间化身为爱刷微博、与网友互动的达人和潮人，用户觉得与产品的距离更近了，卖萌、写鸡汤软文、玩 cosplay，一年吸粉 200 万人，成为公司产品最好的推销员。

接着，李宁联合小米，推出带芯片的智能跑鞋，站在了智能穿戴的风口，这种鞋，跑完步可以用手机 App 看分析，检测跑步时间、长度、路线、卡路里消耗等情况，备受粉丝的喜爱。

更重要的是，2016 年李宁将眼光探向更深入的层次，投资了美国女性专业舞蹈运动品牌 Danskin，独家经营该品牌在中国大陆地区的业务，面对二胎放开的红利政策，李宁也决定不再授权代理童装品牌，而改为自营该类业务。这两大举措丰富了李宁的产品体系，适应了新形势的发展，提高了李宁抵御风险的能力。

2015 年李宁净利润为 1430 万元，首次实现扭亏为盈，2016 年净利润达 6.43 亿元，翻了 40 多倍。李宁依然拥有年轻时代的勇气、梦想与激情，永远不要低估一颗冠军的心。传统行业并不是一定没有出路的，人们的需求永远都在，只是形式可能一直在变，拥有变化的眼光的公司，才能抓住风口的转化，积极拥抱新技术、新媒介、新策略，完成传统业务的转型，这样的公司才不会被时代所淘汰。

3.6　如何判断公司发展能力

前面论述了怎样分析公司整体发展前景，一般发展前景越好的公司，发展能力就越强。下面具体阐述如何通过各类指标（营业收入增长率、净利润增长率）或公司行为（研发、投资、并购）来判断公司发展能力。

3.6.1　营业收入增长率及使用方法

营业收入增长率=（本年营业收入–上年营业收入）/上年营业收入。应该尽可能多地获取近几年公司收入的数据，计算出各年同比增长率，分析判断收入的发展态势。

在会计政策部分，要看清楚公司收入确认的原则和方法，是否存在较为激进的会计政策，如果是，那么应谨慎采用收入数据。例如一个销售电梯并负责安装的公司，当它把电梯销售出去尚未安装时就确认为收入，那么就存在提前确认收入的嫌疑，此时对收入数据的使用就要谨慎，或许改为现金流口径更为恰当，或者按照同行业或该公司的退货率进行一部分收入的冲销，谨慎一些总是好的。

3.6.2　净利润增长率及使用方法

净利润增长率=（本年净利润–上年净利润）/上年净利润。从净利润的计算公式可以看出，通过以下几种方法可以提高净利润的增速。

- 提高营业收入。丰富产品类型，拓展销售渠道，进入新的市场，提高产品售价，这些手段均可以提高营业收入。

- 降低营业成本。营业成本即产品的销售成本，也就是销售出去的那部分存货成本，因此降低营业成本的途径就是降低产品生产成本。采用新工艺、新生产流程、新材料，减少生产浪费，提高产品合格率，都有利于降低生产成本。

- 降低"三费"。降低贷款利率，严格控制费用开销，让每一笔销售费用都能带来销售收入的增长。

在使用净利润增长率指标的时候，除在年度之间进行同比分析外，还可以重点关注季度之间的变化趋势——是否符合季节性波动特征，在排除季节性因素之后，是否出现重大变化。

例如，如果年度净利润增长率远远落后于前三季度增长率，则说明公司业绩在第四季度的增长率出现大幅下滑，公司发展速度有减缓的迹象，尤其是对高速成长性的公司，如果连续几个季度业绩增速下滑甚至徘徊不前，则是比较危险的时期，因为成长股的投资逻辑向来是吃两头不吃中间的。

吃头，是因为一个崭新的蓝海市场出现了，率先进入的上市公司往往能分享到市场最丰盛的那块蛋糕，业绩增长迅速，投资者充满乐观预期，反正业绩的高成长暂时也无法证伪，所以资金一窝蜂似地涌来，尤其是其中第一个吃到螃蟹的往往涨幅惊人，这就是吃头。

吃尾，是因为市场经过长期的竞争与发展，相对比较成熟，失败者退出了，行业进入垄断格局，剩者为王，价格回升到合理的水平，投资回报率稳定，这时分红往往是最吸引人的。

但中间这一段，往往是厮杀最激烈的，充满了高科技行业惯用的价格战，既然大家的技术和产品都差不多，那么谁便宜谁就能打动消费者，毛利率会被迅速拉低，甚至低到无法盈利的地步，这时一些不具有成本优势、渠道优势的中小企业就扛不住走人了，留下来的一批还会因为不能及时更新技术而被淘汰，最终胜出的，往往不是你手里持有的，就像当年看好雅虎比看好谷歌的人更多一样。因此中间这一段最好不要参与，而应该坐山观虎斗，等战争有了眉目之后你再买入胜利者。

比如，2016年底上市的汇顶科技（603160），连续17个涨停板，市值一度超越中国台湾芯片龙头公司联发科，由此一战成名。只是物极必反，炒作过后就进入了漫漫熊途，股价从178元跌回到了90元附近一线，而且股价就像断了线的风筝，怎么都上不去。

2017年4月8日，公司发布了2016年年报，业绩一如既往的好，营业收入增长175.04%，利润增长126.46%；然而，4月10日周一的股价却暴跌了7%，这样的暴跌在年报公布前半个月的走势里已是常态（如图3-38所示）。这是怎么造成的呢？我们得具体分析公司业务。

从公司年报的"公司业务概要"部分可以看出，汇顶科技主要从事智能人

机交互和生物识别技术的研究、开发，主要向市场提供面向手机、平板电脑等
移动智能终端的电容触控芯片和指纹识别芯片。

图 3-38　汇顶科技日 K 线图（前复权）

目前公司主要产品为电容触控芯片和指纹识别芯片，许多国产手机中用的
都是汇顶科技的指纹识别技术。这是一个成长迅速的行业，可以说正处在风口
上，汇顶科技也先后斩获国际消费类电子产品展览会（CES）两项大奖，是中
国芯片设计公司第一次在这样的顶级舞台上获奖，代表了中国芯片业的最高荣
誉，从侧面也印证了汇顶科技的技术实力，公司得以大幅提升市场占有率。

我们再来仔细研究汇顶科技的 2016 年年报，全年营业收入和净利润都呈
三位数高速增长，足够亮眼，但是和前三季度的业绩对比一下，2016 年全年的
净利润增速是 126%，而前三季度为 168%，也就是说，四季度的增速已经开始
大幅下滑，拐点似乎已经出现！我们用全年数据减掉前三季度数据，来得到四
季度数据，并通过计算得出四季度的净利润率为 26.56%，比起第三季度的 32.76
%，首次出现了下滑！这是一个不太好的信号，往往表明科技行业中最常见的
价格战出现了。

成都的费恩格尔、苏州的迈瑞微、深圳的芯启航、上海的思立微，还有集
创北方、比亚迪、贝特莱、信炜等诸多竞争者不断进入，竞争越激烈越充分，
产品价格往往就会杀得越低。由于指纹识别芯片护城河不够宽，壁垒不够高，
就使得前来挑战的竞争者越来越多，公司发展前景蒙上了一层阴影。

还是那句话，高科技行业永远是变化最快的行业，今天你过得很好，明天

说不定就被"山寨"了，当你的发展速度表现出由快挡换慢挡时，往往就是最危险的时候，容易遭到成长性和估值的"戴维斯双杀"，市场表现也会一蹶不振。因此，投资科技股确实风险较大，如果不具备相关行业知识或者对该行业了解不够，非常不建议操作高科技类股票，容易栽大跟头。

3.6.3　公司研发、投资、并购活动的积极性

研发、投资、并购活动代表了公司发展活力，一个有发展潜力的公司在这三个方面的投入会有较大的比重。

对于研发，哪类公司的研发支出占比比较大呢？科技型公司，比如医药、智能制造、大数据、人工智能、软件工程等，这类公司的研发支出保证了其后续发展的可持续性，如医药行业，如果能研制出受市场追捧的明星类药物，那么公司的业绩就会快速爆发，迅速甩开竞争对手。

对于投资，则与后面章节中所讲的公司分红政策息息相关。当公司面临众多新的、好的投资机会时，就会加大相关领域的投资，资本支出增加了，资金需求量大了，分红自然而然就会降低一些；相反，高分红的公司往往增长后继乏力，比如成熟期或衰退期行业里的传统型公司，煤炭、钢铁、白酒、家居、银行等分红往往较高。

对于并购，高成长性的公司往往会通过并购加快进一步成长，例如通过并购同一市场领域内的公司，提高对产品的定价权，往往既避免了恶性竞争，又能实现高额收益。并购从战略上讲，又分为以下几种类型。

1．横向一体化

横向一体化指的是公司通过收购同行业中的其他具有竞争关系的公司，通过该一体化行为化竞争为合作，避免在同行业内产生恶性竞争与激烈厮杀，转而共同发展。

2017 年 3 月 30 日，老白干（600559）发布公告称，拟通过发行股票及支付现金购买联想控股旗下丰联酒业 100%股权，这无疑是 2017 年白酒行业的重磅并购案例。老白干为什么要走并购之路？白酒行业在 2013 年由于政府重拳

反腐而进入为期四年之久的调整期，"三公"消费支出受到限制，转入平民消费为主的模式，行业扩张速度趋缓，转为现存公司之间的市场争夺。

在这种背景下，公司要实现快速发展，势必不能仅依赖内生性增长，更要努力开展外延式并购。老白干所处的河北衡水，全国性的竞争对手主要有泸州老窖和洋河，省区域性的竞争对手有河北省内的板城、山庄和丛台等，与其激烈拼杀，不如一起合作。丰联酒业旗下品牌有河北板城、山东孔府家、安徽文王和湖南武陵酒四家白酒企业，均是地方一霸，响当当的"地头蛇"。

河北板城曾是河北老大，是北派浓香型白酒的代表，在全国范围内浓香型仍然是主流香型，占比达60%以上，在河北省内中、低端白酒大部分仍是浓香型的天下，并购浓香型的板城，对老白干香型进行有力补充；武陵酒是酱香型三大名酒（茅台、郎酒和武陵酒）之一，湖南省唯一的中国名酒；文王贡酒主打婚庆用酒，销售保持两位数增长；孔府家酒，位于孔子故里山东曲阜，主打儒家文化牌，开创儒雅浓香型白酒，2001年被评为"中国十大文化名酒"。

笔者认为，老白干管理层高瞻远瞩，通过此次并购，丰富了产品品种与香型，减少了竞争对手，有望实现弯道超车、快速发展。

2. 纵向一体化

纵向一体化指的是公司通过收购产业链上游或下游的公司来实现对供应商或经销商的控制，借以控制原材料成本、控制销售网络来提高对产业链的把控能力。

3. 相关多元化

相关多元化指的是公司收购与自己业务相关的其他行业中的公司。

4. 非相关多元化

非相关多元化指的是公司收购与自己业务不相关的行业中的公司。非相关多元化的原因，一是原有业务确实难以为继，继续经营下去会亏损更大，应该及早止损收手，寻找新的行业，这可以称为"被动式多元化"；二是虽然原有业务也有利润，但是新业务有更高的盈利能力，吸引力非常强，往往是新兴高毛利的行业，公司主动进行投资，这可以称为"主动式多元化"。

公司投资、并购的资金来源如下：

- 一是自有资金，适合于自身现金流比较充沛的公司；
- 二是银行贷款，适合于资产负债率较低，较容易从银行获取贷款进行杠杆收购的公司（在现实中往往以收购标的的资产作为抵押进行贷款）；
- 三是增发新股筹集，这其中又会出现投资机会，就是定向增发的股东认购价与市价之间的比较，当市价低于增发价时，往往表明公司当前价值被低估，因为机构投资者的认购价往往更能代表公司真正的价值，从而产生了投资机会。2017 年 3 月 27 日，中国南方航空公司（01055.HK）以 5.74 港元的认购价向认购方增发股份，引入战略投资者 American Airlines，而当时公司市价仅为 5.36 港元，增发溢价约 7%，因此增发之后价格一路上扬，此时的增发价提供了一个标杆，促进股价向此价位靠近。

3.6.4　多元化成功案例——天润数娱

我们看一个通过多元化实现公司业务转型甚至扭亏为盈的案例。

天润数娱（002113）——公司位于湖南省岳阳市，原先主业是从事物业租赁，股票名称曾经叫作"天润控股"，2015 年由于实体经济的下滑，严重拖累了公司物业租赁的业务，租赁收入仅有 1651.02 万元，加上因公司非公开发行费用较上年同期增加，以及城镇土地使用税地段等级税额标准的调整造成土地使用税较上年同期增加较多等财务、税务上的原因，导致 2015 年全年亏损438.82 万元，2015 年公司主要工作就放在产业转型和寻找新项目上面。

按照公司董事会制定的转型方向，公司积极向文化传媒、互联网、网络游戏等方面进行实质性转型，本年度为寻找合适的标的公司，公司股票于 2015年 1 月 23 日停牌筹划重大事项，经过近两个多月的尽职调查，2015 年 3 月 31日，公司董事会审议通过公司非公开发行股票募集资金并以现金购买上海点点乐信息科技有限公司 100% 股权，使之成为公司全资子公司，并于 4 月 1 日复牌。

2015 年 12 月 23 日，公司非公开发行股票购买资产获得中国证监会发行审核委员会审核通过，并于 2016 年 2 月 17 日获得中国证监会核准批复，公司将正式转型为移动网络游戏的研发及运营业务行业，公司产业转型取得了阶段性成果。

上海点点乐主要从事移动网络游戏的研发及运营业务，目前其主打游戏产品《恋舞 OL》是一款融合了社交、时尚、竞技、休闲等元素的 3D 音乐舞蹈手机网游。在本报告期内，上海点点乐又推出新款《心动劲舞团》上线运营，市场反映良好。2017 年，上海点点乐还将推出几款新产品上线运营，其擅长开发的音乐舞蹈手机游戏在女性游戏细分市场处于行业领先地位。2016 年天润数娱关键业绩指标如表 3-19 所示。

表 3-19　天润数娱关键业绩指标

项　　目	2016 年	2015 年	2014 年	2016 年增长率	2015 年增长率
营业收入（万元）	13119.13	1651.02	1678.95	694.61%	−1.66%
净利润（万元）	5411.31	−438.82	64.13	1333.15%	−784.27%
毛利率	93.03%	59.70%	60.63%	33.33%	−0.93%
净资产收益率	8.28%	−4.73%	13.01%	13.01%	−17.74%
每股收益（元/股）	0.074	−0.0093	0.0014	−895.70%	−764.29%

从表 3-19 可以看出，天润数娱收购游戏子公司之后，由于并表因素影响，2016 年年报业绩亮眼，营业收入同比增长接近 7 倍，净利润扭亏为盈，增长 13 倍；由于受游戏行业的高毛利率影响，公司总体毛利率也从 2015 年的 59.70% 提升到 2016 年的 93.03%，净资产收益率与每股收益等各项财务指标均不断优化。我们再来细看一下原先的物业租赁业务和新进入的游戏业务的毛利率的差异，如表 3-20 所示。

表 3-20　天润数娱 2016 年各业务的毛利率

项　　目	占营业收入的比重	毛利率
游戏业务	86.90%	97.93%
物业租赁业务	13.10%	60.47%

从表 3-20 可以看出，游戏业务的营业收入已占公司总收入的 86.90%，毛

利率高达 97.93%，远远高于物业租赁业务的 60.47%。从毛利率角度来看，可以说公司从一个不太赚钱的行业，通过非相关多元化收购，进入到一个更加赚钱的行业，开启了多元化经营，并实现了扭亏为盈，后续应该以一个游戏公司来定义天润数娱，这是比较成功的多元化转型战略，从 2015 年以来的股价表现出节节攀升也可以说明投资者对它的认可，如图 3-39 所示。

图 3-39　天润数娱 2015 年的非相关多元化转型带来良好的市场表现（周 K 线图）

3.6.5　多元化失败案例——雨润食品

从二十多年以前开始，雨润食品（01068）和双汇发展（000895）就是猪肉加工行业里的一对半斤八两的对手，而二者走的也是截然不同的发展道路。2013 年双汇发展耗资 71 亿美元收购了全球最大的猪肉公司——美国史密斯菲尔德公司。2016 年，双汇发展从国际股东罗特克斯公司采购约 42 亿元的肉类原材料，这种纵向一体化的发展战略大大减轻了国内猪肉大涨带来的成本压力，较好地规避了原材料价格波动的风险，实现了更好的收益。

而雨润食品走的是多元化跨界扩张的经营战略，从 2011 年开始大规模进入地产、物流、金融、旅游、建筑领域，而自己的食品主业却日薄西山，从 2012 年开始全面缩水，到 2016 年其营业收入只有 2011 年的一半，不但没有收到各业务协同发展的好处，反而副业大大拖累了主业。

如今再看二者业绩，坚守主业、辛勤耕耘食品行业的双汇发展成为国内最大的肉类生产与加工公司，收入已在 500 亿元规模以上，净利润也达到 50 亿元以上，是国内首屈一指的肉类食品龙头；而雨润食品 2016 年仅收入 167 亿港元，同比下滑 17.2%，亏损 23.42 港元，已连续亏损多年，两者之间的竞争似乎早已分出了胜负。

从图 3-40 和图 3-41 也可以看出，在二级市场上，深耕主业的双汇发展股价稳步上行，而没有协同效应的多元化导致雨润食品股价一蹶不振。多元化有风险，尤其是跨界经营，带来的整合成本不可低估，因此不可盲目地认为多元化的公司更值得投资。

图 3-40　双汇发展月 K 线图（前复权）

图 3-41　雨润食品月 K 线图

可见，多元化是一把双刃剑，我们是该选择兢兢业业做主业的公司，还是选择多元化投资分散风险的公司好呢？这个问题关键是看多元化的理由是否充分，如果只是跑马圈地，看到某个行业赚钱就扎进去，那么极有可能会因为摊子铺得太大而难以消化，更别提各个业务之间的协同与化学反应了。

进行多元化经营最好不要抛弃主业，而且对于新进入的行业最好有相关的或类似的经营经验，那么就有可能会做到产业链的延伸，控制了产品成本，从而产生更好的效益；反之，则不如带着一种工匠精神，兢兢业业做大、做强主业，成为行业龙头。

3.6.6 "戴维斯双杀"

前面我们讨论了公司的成长性为公司带来价值，但是如果一个公司的成长是短暂的，或者只是昙花一现，那么其业绩被证伪的时候，杀伤力会更大，面临成长性和估值的双重下滑，称为"戴维斯双杀"。问题的关键是怎么判断成长的可持续性。

一个重要的办法是看有没有护城河，有没有门槛和壁垒，门槛和壁垒越高，其他竞争者难以进入，那么公司业绩增长就有保障，容易远远超越竞争者。每个行业的护城河都不一样，茅台的护城河就是世界上独一无二的原料和工艺，腾讯的护城河就是无人可及的社交覆盖率，格力的护城河就是产品、品牌和渠道。遭遇"戴维斯双杀"的例子，我们前面已经看了汇顶科技（603160），下面再看一个更为惨烈的例子——网宿科技（300017），公司 2016 年营业收入和净利润同比分别增长 51.67%、50.41%，2015 年营业收入和净利润分别增长 53.43%、71.69%，呈现出了快速发展的白马姿态。2017 年 3 月 13 日，公司公布了 2017 年第一季度业绩预告，显示 2017 年一季度净利润为 1.69 ~ 2.42 亿元，而 2016 年同期为 2.42 亿元，同比变动-30% ~ 0，下滑的原因是一季度国内 CDN 市场竞争激烈，市场价格明显下降，从而导致公司毛利率下降，业绩大幅变脸，引起股价受挫，如图 3-42 所示。

从图 3-42 可以看出，网宿科技在 2017 年第一季度业绩预告调减之后，股价遭遇抛售，原先的高成长遇到障碍或瓶颈。我们来分析一下公司业务，CDN 指的是内容分发网络，利用全网加速节点让用户就近获得所需内容，从而提高速度，属于一项重要的云服务。你会发现，公司的竞争对手是 BAT，腾讯云、阿里云、百度云无论是在技术上还是收费上都有巨大的优势。

图 3-42　网宿科技 2017 年一季度业绩遭遇变脸

云计算刚兴起的时候，你可以利用发展先机分得一杯羹，但越往后发展你会发现行业优势资源会向巨头集聚，行业集中度会提升，因此网宿科技产品定价下滑就是难以避免的。竞争对手太过于强大的公司，发展前景难言乐观。

因此，如果你想投资互联网行业，就非常有必要研究透彻 BAT 三大巨头的业务领域，包括电商、社交、大数据、云计算、游戏、人工智能等，如果想从 BAT 手里抢口饭吃，你的护城河够宽吗？你的优势够显著吗？

如果答案是否定的，那么就不如直接投资 BAT，简单有效。互联网行业需要足够的专业知识，以及足够的眼光和胆识来看清一个公司，如果不具备这个本事，最好不要涉足互联网行业，不如研究一下"吃药、喝酒、买家具"这种花点工夫就相对容易看得懂的行业。巴菲特从来不投资互联网行业，他说也是因为看不懂，所以风险太大。

3.6.7　如何寻找年报预增股

年报行情往往在年初 1~4 月发动，尤其是在年报公布日之前的几日内，业绩大增的股票往往已大幅拉升，因此提前埋伏至关重要。如何在年报公布日之前就能选出业绩大增股呢？我们可以根据前三季度的业绩来推测全年业绩完成情况。

例如，前三季度合计净利润同比上年大幅提升，公司第四季度经营政策、财务状况又无重大变化，尤其是第四季度是销售旺季的行业，那么可以合理推测全年业绩同比上年也是大幅提升的，对于此类公司即可提前埋伏，前三季度业绩增长越多就越安全。至于公司有没有销售旺季，或者哪个季节是公司的销售旺季，可以通过分析公司近三五年的分季度营业收入波动情况来判断，数据样本选择得越多，结果就越可靠。

一般而言，白酒类公司的销售旺季是第一季度，因为受春节影响；而啤酒类公司的旺季一般是夏季，因为降暑目的；北方的建筑行业冬季就是淡季，因为太冷无法施工；酒店旅游的旺季是节假日；钢铁、水泥、玻璃等建材行业则在年后 3 月份施工高峰时迎来旺季。当然，就很多公司来讲，第四季度往往是冲刺业绩指标的关键时期，因而它往往成为全年业绩表现最好的季度。

前三季度业绩大增，因此推测全年业绩大增，从而买入某只股票，结果年报出来变脸了，怎么办？这也是不可避免的，此时要静心分析四季度业绩大幅下滑的原因，是偶然因素造成的，还是经营方向和经营政策出现了问题，或者国家政策突然改变带来的行业内普遍下挫，再进一步决定是割肉止损还是继续持有。

山东墨龙（002490）是一家从事石油机械产品（抽油泵、抽油杆、抽油管、抽油机等）的公司，2015 年净亏损 2.6 亿元；2016 年 8 月 22 日，公司公布了 2016 年半年报，显示净利润为 603.96 万元，同比下滑 41.44%，业绩下滑风险值得投资者关注。

2016 年 10 月 27 日，公司公布了 2016 年三季报，显示净利润为 834.35 万元，同比下滑 34.4%，业绩仍未见好转，此时谨慎的投资者可选择择机抛出所持股票并离场观望；2017 年 2 月 28 日，公司公布了 2016 年度业绩快报及存在被实施退市风险警示的公告，显示 2016 年度净利润为亏损 4.8～6.3 亿元，已是连续第二年亏损。

2016 年年报发布之后即被实施退市风险警示（即 ST），重度变脸让投资者大跌眼镜，快报中披露业绩大幅下挫的原因是："①受国内外经济形势影响，公司经营业绩大幅下滑，对存货、应收款项、商誉等相关资产计提了减值准备；②2016 年市场需求有所复苏，但仍处于低位运行，受油价波动和原材料价格波动影响，虽然产销量较 2015 年度是增长的，但是产品销售价格大幅下滑且价格波动频繁，导致公司经营业绩受到重大影响。由于上述原因的共同影响导致了 2016 年公司业绩出现亏损。"

我们分析该理由，可以看出公司业绩大幅下滑既不是偶然因素，也不是国家政策的突然变化，而是在公司经营管理方面确实无法克服宏观经济下滑带来的冲击，公司不能有效应对外部环境带来的挑战，因此这种业绩下滑属于内伤，短期内较难克服，为防止 ST 之后带来更大的损失，此时及时止损方为上策。

而市场反应也是如此，自从 2016 年年底业绩大幅下滑以来，股价就一直处在下跌的趋势中，业绩变脸进一步加速了股价下挫（如图 3-43 所示），这种无基本面支撑、面临 ST 的股票，就像坠下的飞刀，跌不言底，万万不可急于抄底。

图 3-43   山东墨龙业绩变脸的市场反应（日 K 线图，前复权）

3.7   案例：风口上的猪——科大讯飞，还是赛为智能

人工智能（AI）是一门研究、开发用于模拟、延伸和扩展人的智能的理论、方法、技术及应用系统的新的技术科学。人工智能主要分为计算智能、感知智能和认知智能。

计算智能，即机器"能存会算"的能力；感知智能，即机器具有"能听会说、能看会认"的能力，主要涉及语音合成、语音识别、图像识别、多语种语音处理等技术；认知智能，即机器具有"能理解会思考"的能力，主要涉及教育评测、知识服务、智能客服、机器翻译等技术。

智能语音技术能使机器具备像人一样"能听会说"的能力，该技术主要包括：语音识别（自动将语音转换成文字）、语音合成（自动将文字转换成语音）、声纹识别（识别出说话人的身份）、语种识别（识别出语音的语种及方言）等方向，属于人工智能中的感知智能，是人机语音交互变革的核心支撑性技术。

下面我们来看人工智能板块的两家龙头上市公司：科大讯飞（002230）和赛为智能（300044）。

作为国内智能语音和人工智能产业的领导者，科大讯飞在智能语音及人工智能行业深耕近 20 年，始终专注于智能语音及语言技术、人工智能技术研究，随着云计算、大数据等新一代信息技术的快速发展，人工智能作为 IT 产业的战略性和前瞻性新兴产业方向，在全球范围内掀起了全新的热潮。

2016 年，公司在以"从能听会说到能理解会思考"为目标的讯飞超脑项目上持续加大投入，在感知智能、认知智能以及感知智能与认知智能的深度结合等领域均取得了达到国际领先水平的显著研究成果。

科大讯飞在核心技术基础上将技术优势转化为行业市场优势和用户口碑优势，基于拥有自主知识产权的世界领先智能语音技术，已推出从大型电信级应用到小型嵌入式应用，从电信、金融等行业到企业和消费者用户，从手机到车载，从家电到玩具，能够满足不同应用环境的多种产品。

公司确立了主导产业方向、探索性方向和第三方创业的三层人工智能产业生态体系，实现人工智能技术与多行业、多领域的深度结合推进，市场拓展高歌猛进，讯飞语音深入各行各业，产业链话语权得到进一步提升。

从表 3-21 可以看出，科大讯飞近三年业绩增长良好，营业收入与净利润均保持较快的增长，毛利率水平也较高，每股收益持续提升，美中不足的是净资产收益率有所下滑，这是由于科大讯飞的很多产品处于概念设计以及研发阶段，尚未形成成熟的产品，更不用提大规模市场销售了，因此还停留在人工智能应用的前期阶段，怎么样使技术研发的优势转化成产品优势，打开市场局面，是科大讯飞未来发展的重中之重。

从图 3-44 可以看出，排除 2015 年牛市的影响，科大讯飞的股价整体上在波动中稳步向前，未来如果公司能将一系列人工智能概念落地，转化为现实中的产品，那么业绩将会进一步提升，股价也会继续上涨。

表 3-21   科大讯飞关键业绩指标

项　　目	2016 年	2015 年	2014 年	2016 年增长率	2015 年增长率
营业收入（亿元）	33.2	25.01	17.75	32.75%	40.90%
净利润（亿元）	4.84	4.25	3.79	13.88%	12.14%
毛利率	50.52%	48.90%	55.63%	1.62%	−6.73%
净资产收益率	7.50%	9.17%	10.79%	−1.67%	−1.62%
每股收益（元/股）	0.37	0.34	0.32	8.82%	6.25%

图 3-44   科大讯飞月 K 线图（前复权）

再看赛为智能（300044），公司主营业务主要包括"智慧城市""智慧医疗""智慧教育"和"智慧制造"四大板块。

（1）智慧城市：公司作为国内最专业的智慧城市投资、建设、运营综合服务商，致力于智慧城市顶层设计及建设运营服务模式，为智慧城市行业用户提供智慧交通、智慧建筑、大数据等行业整体解决方案、大数据运营服务。

（2）智慧医疗：公司以开发医疗新技术为基础，联合医疗机构和医学专家，建立以赛为智慧医疗为品牌的业务产品链，主要包括"肠道微生物研究与临床应用""精准医学在消化道疾病方面的预防及精准诊疗""康复养老医养一体化项目及特色专科门诊"以及"健康信息化整体解决方案"等，打造有特色的新医疗资源集成商。

（3）智慧教育：公司控股安徽工业大学工商学院，为"产学研结合"提供智力支持。

（4）智慧制造：包括无人机系列产品、城市轨道交通相关产品以及智慧路边停车管理信息系统。

公司具有丰富的大数据中心投资、建设及运营项目经验，承接了多个大数据中心项目。数据中心建设主要包括机房总平规划、电气系统、空气调节系统、NOC 及机房智能监控系统的设计、采购、安装调试等，在此基础上，公司推出微模块数据中心解决方案。公司近三年关键业绩指标表如表 3-22 所示。

表 3-22　赛为智能关键业绩指标

项　　　目	2016 年	2015 年	2014 年	2016 年增长率	2015 年增长率
营业收入（亿元）	10.02	6.65	6.2	50.68%	7.26%
净利润（亿元）	1.03	0.77	0.52	33.77%	48.08%
净资产收益率	13.03%	11.26%	7.92%	1.77%	3.34%
每股收益（元/股）	0.31	0.35	0.23	−11.43%	52.17%

从表 3-22 可以看出，赛为智能近三年业绩也保持了快速增长，营业收入和净利润保持增长势头，净资产收益率逐年提升，在二级市场中股价也在波动中保持上行趋势（如图 3-45 所示）。当然，这家公司整体还处于发展初期，业务规模较小，跟科大讯飞还不是一个级别，但是发展前景非常明朗，人工智能板块及其相关上市公司也值得投资者持续跟踪。

图 3-45　赛为智能月 K 线图（前复权）

第 *4* 章

如何通过年报判断公司资本管理能力

公司资产管理能力与资本管理能力指的是公司筹集、运用各类资金，形成各类资产，并加以运营以创造最终价值的能力，涉及筹资、投资、经营周转等多个环节。如果公司能用更低的成本筹集到更多的资金，同时将资金用在最合适的位置，快速周转以创造出更多的利润，那么公司就具有较强的资产管理与资本管理能力，公司就具有较大的投资价值。

4.1 如何判断管理层资产管理能力

公司资产管理能力主要体现在资产营运能力的高低，即利用资产获取收入和现金流入的能力上，同样金额的资产，如果能带来更多的现金流入，那么资产营运能力就强。衡量资产营运能力的指标有很多，常见的是各类资产周转率和资产周转天数，而计算这些指标所需要的数据都可以从年报中获取。

4.1.1 总资产周转率及使用方法

总资产周转率=营业收入/总资产。衡量资产的营运能力，一般总资产周转率越高越好，表明公司利用资产赚取现金流入的能力越强。

4.1.2 应收账款周转率、存货周转率及使用方法

应收账款周转率=营业收入/应收账款平均余额，又叫应收账款周转次数。衡量应收账款的管理水平，一般应收账款周转率越高越好，反映应收账款回收的速度越快。

应收账款周转天数=360/应收账款周转率，表明公司的应收账款从形成到回收所经历的天数。一般应收账款周转天数越短越好，表明资金回收速度快，降低了资金被客户占用的成本。销售的季节性特征、销售结算方式（现金还是分期付款）都会对应收账款周转产生重要影响，分析时应考虑这些因素。

存货周转率=营业成本/存货平均余额，又称为存货周转次数。在流动资产中，存货往往占据的比重最大，因此存货的流动性往往会对总资产周转能力产生重大影响，存货周转率是反映和评价公司从材料采购、产品生产到销售变现等各环节管理现状的综合性指标。存货周转天数=360/存货周转率，存货周转过慢，会造成库存积压，资金成本提高，现金回收压力大，有时会形成更大的资产减值损失。

例如鲜活易腐或技术变化较快导致产品技术过时不再被市场接受的情形，公司需要计提大额存货跌价准备，进一步损害了公司收益，因此加强存货管理，加快存货周转，尽可能地回收资金，提高资金的使用效率，成为存货管理的重点。

我们以东阿阿胶为例，来说明如何进行存货周转能力分析。通过选取2016年年报中相关数据，计算并比较东阿阿胶2016年与2015年的存货周转率指标，如表4-1所示。

表 4-1　东阿阿胶存货周转率分析

项　目	2016 年	2015 年	变动额	变动率
营业成本（亿元）	20.88	19.29	1.59	8%
存货（亿元）	30.14	17.25	12.89	75%
存货周转率	69%	112%	−43%	−43%
原材料（亿元）	16.89	4.42	12.47	282%
原材料占存货比重	56%	26%	97%	97%
剔除原材料的存货（亿元）	13.25	12.83	0.42	3%
剔除原材料的存货周转率	158%	150%	7%	7%

从表 4-1 可以发现，2016 年东阿阿胶存货周转率与 2015 年相比出现较大幅度的下滑，从 112%跌至 69%。下面我们具体分析存货周转率下降的原因。营业成本只增长了 8%，存货却增长了 75%，存货大增就是周转率下降的原因。那么存货为什么增长那么多呢？这就需要继续深入挖掘存货的构成，我们发现，原材料占存货的比重从 2015 年的 26%，大幅提高至 2016 年的 56%。

这就找到问题原因了，是因为原材料增长太快导致的。那么原材料又是如何构成的呢？我们结合公司业务发现，公司的原材料是制作阿胶系列产品所需要的毛驴，公司为什么储备大量毛驴呢？结合年报中的"经营情况概述"部分内容，我们会发现公司 2016 年的发展战略是：坚持"把毛驴当药材养"，实行"毛驴活体循环开发"，做大、做强毛驴产业；充分利用社会资源，在驴皮涨价预期下加大驴皮采购力度，积极加强全球原材料资源掌控。为此公司建立了两个百万头毛驴基地，创新规模化养殖合作模式，掌控国内主要毛驴交易市场，控制上游产业关键环节。

由此可知，大力储备原材料对公司而言是一项十分重要的战略决策，可以抵御原材料价格波动尤其是涨幅较大时给公司带来的不利影响，原材料大幅增长所带来的存货周转率下降就是一种正常的现象，这总比库存商品卖不出去形成积压所造成的存货周转率下降要好很多，而 2016 年剔除原材料之后的存货周转率反而比 2015 年提升了 7 个百分点。

因此，我们可以判断出公司存货周转能力并未有大的变化，公司 2016 年的资产管理能力依然良好，在二级市场上股价表现也是稳步上行的（如图 4-1

所示）。

图 4-1　东阿阿胶日 K 线图

所以，对财务指标的运用都要做到灵活实施，深入分析业务本质的不同，不可形而上学与照本宣科，不存在放之四海而皆准的标准，这只会让你漏掉更重要的东西。

4.1.3　关联方资金占用情况检查

我国企业会计准则规定，以下情形构成上市公司关联方：

一方控制、共同控制另一方或对另一方施加重大影响，以及两方或两方以上同受一方控制、共同控制或重大影响的，构成关联方。

控制，是指有权决定一个企业的财务和经营政策，并能据以从该企业的经营活动中获取利益。

共同控制，是指按照合同约定对某项经济活动所共有的控制，仅在与该项经济活动相关的重要财务和经营决策需要分享控制权的投资方一致同意时存在。

重大影响，是指对一个企业的财务和经营政策有参与决策的权力，但并不能够控制或者与其他方一起共同控制这些政策的制定。

下列各方构成企业的关联方。

- 该企业的母公司。
- 该企业的子公司。

- 与该企业受同一母公司控制的其他企业。

- 对该企业实施共同控制的投资方。

- 对该企业施加重大影响的投资方。

- 该企业的合营企业。

- 该企业的联营企业。

- 该企业的主要投资者个人及与其关系密切的家庭成员。主要投资者个人，是指能够控制、共同控制一个企业或者对一个企业施加重大影响的个人投资者。

- 该企业或其母公司的关键管理人员及与其关系密切的家庭成员。关键管理人员，是指有权力并负责计划、指挥和控制企业活动的人员。与主要投资者个人或关键管理人员关系密切的家庭成员，是指在处理与企业的交易时可能影响该个人或受该个人影响的家庭成员。

- 该企业主要投资者个人、关键管理人员或与其关系密切的家庭成员控制、共同控制或施加重大影响的其他企业。

针对关联方，在选择股票的时候还要从年报中检查前十大客户以及前十大供应商这一部分，最好不包含关联方，因为如果公司对关联方形成依赖，就降低了公司经营的独立性，弱化了公司的竞争优势，真正强势的公司应该可以在市场上独立开发新客户，拥有对供应商的选择权。在年报中可以关注这一情况。

在现实中大股东经常以经营周转、银行理财、投资新项目等各种理由占用上市公司资金，这容易损害中、小股东的利益，因此公司关联方的资金占用越少越好。在年报中，可以通过查询资产负债表中的"其他应收款"项目的注释或者现金流量表中资金的去向，来了解是否有关联方大额占款的情况。下面我们通过案例来说明如何通过年报发现关联方尤其是大股东占用资金的问题。

4.1.4 大股东占用资金的典型案例

利亚德（300296）是深圳的一家以智能显示、景观照明为主营业务的上市公司，产品主要为 LED 小间距电视、LED 显示屏、LED 创意显示等，在景观照明领域，商业地产商主导的亮化市场较为成熟，但从 2015 年开始呈现的以城市政府主导的城市景观亮化需求大增，预计将在 2017—2019 年迎来市场爆发，利亚德的该业务板块规模处于全国第一的地位。公司 2014—2016 年的主要财务指标及其现金流量情况如图 4-2 和表 4-2 所示。

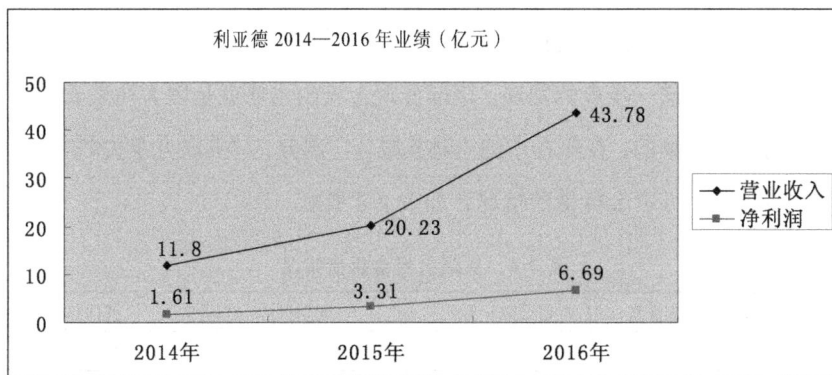

图 4-2　利亚德近三年业绩图

从表 4-2 可以看出，公司 2014—2016 年净利润从 1.61 亿元增长到 6.69 亿元，连续两年实现翻倍，业绩十分耀眼（据笔者统计，2014—2016 年连续两年实现翻番的 A 股公司仅有利亚德和美晨科技）；但另一个问题却也十分刺眼，那就是这三年期间，在营业收入和净利润大幅增长的情况下，公司经营活动产生的现金流量净额却未同步增长，反而大幅下滑，对净利润的覆盖率也非常低。

表 4-2　利亚德近三年净利润与现金流量情况

项　　目	2014 年	2015 年	2016 年
净利润（亿元）	1.61	3.31	6.69
经营活动现金净流量（亿元）	0.84	0.12	0.14
经营活动现金净流量/净利润	52%	4%	2%

经营活动现金净流量/净利润从 2014 年的 52%降低至 2016 年的 2%，也就是说，在 2016 年，公司赚 1 元钱，但实际流入公司的只有 2 分钱，那么其余的 9 毛 8 分钱流向了哪里？我们通过查询现金流量表的附注发现，公司的这部分现金流出被放在"支付的其他与经营活动有关的现金"里面（如表 4-3 所示）。

表 4-3 现金流量表中的"经营活动现金流出"部分

项　　目	2014 年	2015 年	2016 年
支付的其他与经营活动有关的现金（亿元）	3.09	4.73	7.9

公司在年报中解释这部分资金流出的原因是："在报告期内往来款及付现费用增长；同时由于并购励丰文化、金立翔、美国平达、蓝硕科技、万科时代、普瑞照明、中天照明造成其他经营活动往来付款增加所致。"

但我们通过进一步查询发现，该部分现金流出主要就是因为往来款而且是股东占用资金导致的，在年报中的"财务报告"部分，"关联方及关联方交易"里面披露了关联方资金拆借的情况，如表 4-4 所示。

表 4-4 关联方资金拆借情况

关联方	关联方性质	拆借金额（万元）	起始日	到期日
李军	公司实际控制人	20000	2016 年 7 月 28 日	2017 年 7 月 27 日
李军	公司实际控制人	17000	2016 年 9 月 19 日	2017 年 9 月 18 日
李军	公司实际控制人	10000	2016 年 6 月 24 日	2017 年 6 月 23 日
杨亚妮	公司股东	3000	2016 年 9 月 12 日	2017 年 9 月 11 日
刘海一	公司股东	4300	2016 年 9 月 14 日	2017 年 9 月 13 日
袁波	公司股东	4000	2016 年 9 月 19 日	2017 年 9 月 18 日
合计		58300		

从表 4-4 可以看出，公司资金被大股东占用的情况十分严重，基本上公司净利润的绝大部分都被股东借用了，而假如股东借用的资金出现问题无法归还（就像辉山乳业一样），那么对公司其他股东的利益就是一个重大损害，即使公司净利润再多、报表再好看，但公司资金流出现问题，对公司来讲也是一大隐患，真金白银永远比账面业绩要真实与珍贵！

因此，这种公司即使业绩再好，投资者也要谨慎参与，因为你永远不会知道安全隐患什么时候会变成现实中的风险。

我们再看一个大股东占用上市公司资金，掏空上市公司的经典案例——辉山乳业。2017 年 3 月 24 日中午 11:40 左右，在香港上市的辉山乳业（06863.HK）突然暴跌，最大跌幅超过 90%，最低价为 0.25 港元/股，截至午间收盘，辉山乳业收于 0.41 港元/股，跌幅为 85%（如图 4-3 所示），公司午间紧急停牌。

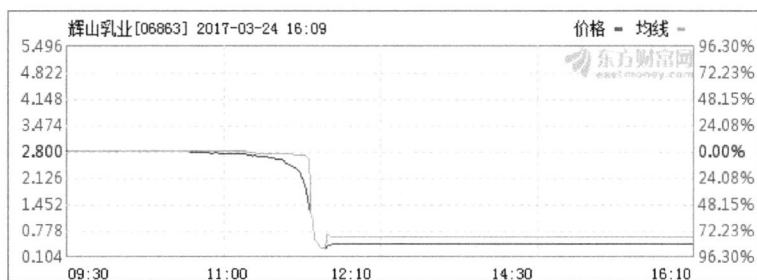

图 4-3 辉山乳业股价单日暴跌 85%

不到半个小时，总市值跌去了 42 亿美元，成为港股历史上最惨烈的暴跌之一，那么究竟是何原因导致这次跳水呢？根据日后消息，辽宁省政府金融工作办公室在 3 月 23 日下午召开了辉山乳业债权协调会，解决公司拖欠银行贷款利息的问题，23 家债权银行与辉山乳业相关负责人均出席了会议。

事实上，早在会议之前，辉山乳业最大债权人中国银行在审计中发现，公司有 30 亿元资金被大股东挪用进行沈阳地区的房地产投资并难以收回，因此各大债权人的权益受到了严重侵害，进而导致股价暴跌。由此可见，大股东占用资金情况是雷区，容易引起公司资金流的问题，应尽量避开。

附：港股与 A 股的主要区别是，港股以港元交易，不设置 10%的涨跌停限制，可以 T+0 交易，并且当股价跌到一定程度时，上市公司要回购投资者手中的本公司股票。

4.2 如何判断管理层融资管理能力

融资管理能力体现在满足公司资金需求的前提下，不断优化资金来源结构，降低资金使用成本，从而创造出更大的价值上。

4.2.1 什么是资本结构的优化

资本结构与管理是公司融资管理的关键和核心问题。广义的资本结构指的是公司的全部负债与所有者权益的构成比重，两者之间孰多孰少，各占总资金来源的比重是多少；狭义的资本结构指的是长期负债与所有者权益的构成比重，长期负债与股东权益也称为长期资本，是公司资金中比较稳定的那部分来源。

融资管理的目的，一是保障公司的资金使用需求，提供足额的资金支持新项目或营运资金要求，不至于出现资金短缺的情况；二是确定合理的资产负债结构，降低资金使用成本。资本结构的优化，也是为了实现上述两个目标。资金使用成本通常用加权平均资本成本来计算，加权平均资本成本的计算公式为：加权平均资本成本=负债本金×负债利率×（1-所得税率）×负债比重+权益资本成本×权益资金比重。

权益资本成本也就是股权投资者所要求的回报率，一般可通过以下公式计算衡量：权益资本成本=市场无风险利率+β×（市场一般回报率–无风险利率），β为市场风险溢价。

4.2.2　资产负债率、已获利息倍数及使用方法

资产负债率=负债总额/资产总额。衡量公司总体债务风险，不同行业资产负债率水平不同，而资产负债率的高低也应该辩证地看待。现代大型企业集团一般都是靠举债经营发展起来的，举债可以利用它的抵税效用，而且负债的利息成本一般要远远低于投资者所要求的权益回报率。

因此，适当举债可以充分发挥财务杠杆的作用，实现更多的收益；当然资产负债率水平也不是越高越好，当资产负债率水平过高时，债权人所要求的利息水平也会越来越高，失去举债应有的提高收益的作用，而且破产风险随之加大，也会损害股东的利益，因此资产负债率有一个适当的水平，过高或过低，都不利于企业形成稳健的财务结构，进而为企业创造价值。

一般而言，重资产、固定资产投资占比较大、周转率低的行业，往往资产负债率水平较高，这是由于投资金额太大，没有银行或其他债务性资金支持的话，很难从事该行业，而这种行业大部分也是国企来运营的，典型的如发电、钢铁、煤炭、有色、基础设施建设、房地产开发等。既然这种行业负债经营程度大，那么其业绩弹性受央行利率政策的影响就更大了，降准降息对该行业公

司就是一个较大的利好消息。

已获利息倍数=息税前利润/利息费用，息税前利润=税前营业利润=净利润+利息费用+所得税。已获利息倍数反映的是偿付借款利息的能力，也称利息保障倍数。该指标金额越大，越有利于利息的及时足额支付，对债权人的保障就越充分，而且它是用公司自身经营活动产生的营业利润来支付利息的，排除了各种借新债还旧债的情形，更为可靠。

4.2.3　流动比率、速动比率及使用方法

流动比率=流动资产/流动负债。常见的流动资产有：库存现金、银行存款、应收账款、应收票据、其他应收款、原材料、在产品、产成品、库存商品等，以及一年内到期的非流动资产，其中原材料、在产品、产成品、库存商品统称存货；流动负债有：应付账款、其他应付款、应付票据、短期借款、应付利息。

流动比率表示每1元流动负债有多少流动资产可用来偿还，可以反映公司短期偿债能力，流动比率越高，短期偿债能力越强。流动资产是公司变现能力最强的那部分资产，但其中的存货由于涉及实物流的生产、加工、销售环节，因而变现能力相对较弱。因此，为更好地反映公司的还债能力，我们把存货从流动资产中剔除，就得出速动比率：速动比率=速动资产/流动负债，速动资产=流动资产−存货。

从一般意义来讲，流动比率在2以上、速动比率在1以上的公司，短期偿债能力较有保障，但也没有强制性规定。应该将公司本报告期内的流动比率、速动比率和公司历史数据、行业中其他公司数据进行纵向与横向比较，并且还必须通过分析流动资产、流动负债的构成以及经营季节性等因素，来分析公司短期偿债能力强弱的变化。

当然，除计算各项财务指标以外，还有一些表外因素会对公司变现能力产生重大影响，例如：

- 银行信贷额度。较大的可动用银行信贷余额可以较快地获取资金流入，大大提高偿债能力。

- 持有待售长期资产。例如某项专利技术，由于经营方向的变化，公司决定不再继续生产该技术下的产品，而决定将该专利技术转让，转换为现金，可以增强公司偿债能力。

- 良好的偿债记录和声誉。如果公司没有逾期未还债务的记录，偿债声誉良好，那么即使暂时遇到资金短缺的情况，也有很大的概率通过银行贷款、发行债券、发行股票等手段筹集所需资金，因此良好的偿债声誉也是公司的一种隐性资产。

4.3 案例：资本管理能力对比分析——万科，还是保利

万科 A（000002）与保利地产（600048）均是国内房地产开发行业中的航母级优质企业，而房地产开发行业对资金需求量大，企业负债水平高，资金周转能力与资金成本管理能力就显得比较重要了，否则就会有资金流不足甚至断裂的风险。我们以 2014—2016 年的财务指标来对比分析这两家公司的资产与资本管理能力。

4.3.1 资产营运能力的比较

我们通过计算总资产周转率、存货周转天数、应收账款周转天数来比较资产营运能力。

1. 总资产周转率

从图 4-4 可以看出，万科的总资产周转率近三年不断快速上涨，而保利增速相对较慢。2014 年两者还不相上下，但之后万科迅速拉升，这源于万科营业收入的高速增长，在随后的 2015 年和 2016 年同比分别增长 33.58%、22.98%，年均复合增长率达到 28.18%；而保利 2015 年和 2016 年的营业收入则分别增长 13.18%、25.38%，年均复合增长率仅有 19.12%。营业收入的高速增长使得万科在资产营运能力上甩开保利。

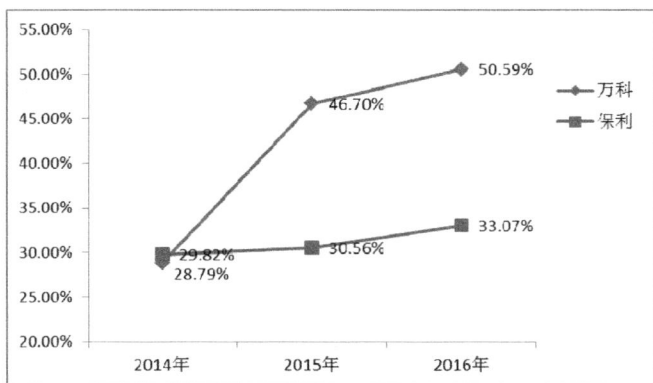

图 4-4　近三年万科与保利总资产周转率对比图

2．存货周转天数

万科与保利的存货周转天数如图 4-5 所示。

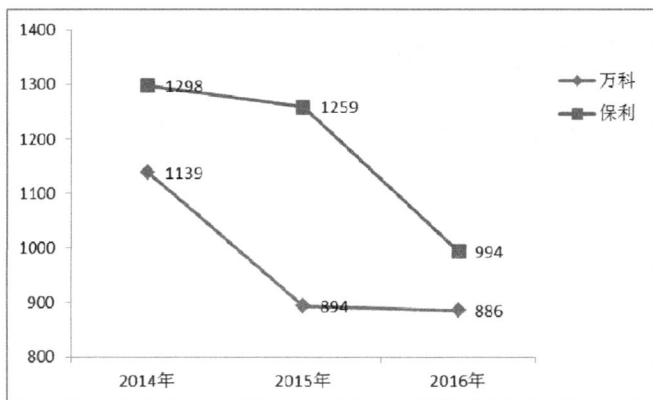

图 4-5　近三年万科与保利存货周转天数对比图

从图 4-5 可以看出，近三年万科与保利的存货周转天数均是越来越短，万科 2015 年比 2014 年大幅降低 245 天，保利 2016 年比 2015 年大幅降低 265 天。整体而言，万科的存货周转天数均明显短于保利，表明万科的开发管理更高效，从开工建设到交房所用时间更短，大大提高了资金使用效率。

3．应收账款周转天数

从图 4-6 可以看出，房地产行业的应收账款周转天数都非常短，一般在 10 天以内，这是由于房地产行业先收款后开发的特点造成的，老百姓买房子一般都是先交钱买期房，2~3年之后开发商才会交付，占用客户资金是开发商的优势。在回款时间上，万科也是短于保利的，一方面体现了良好的资金回收管理能力；另一方面也体现了客户对万科产品品质的认可。

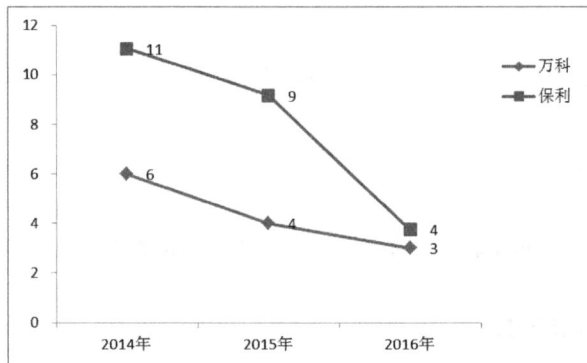

图 4-6　近三年万科与保利应收账款周转天数对比图

4.3.2　负债及其资本成本的比较

我们通过计算资产负债率、财务费用占长期借款比重来衡量公司负债水平及其债务成本的大小，如图 4-7 所示。

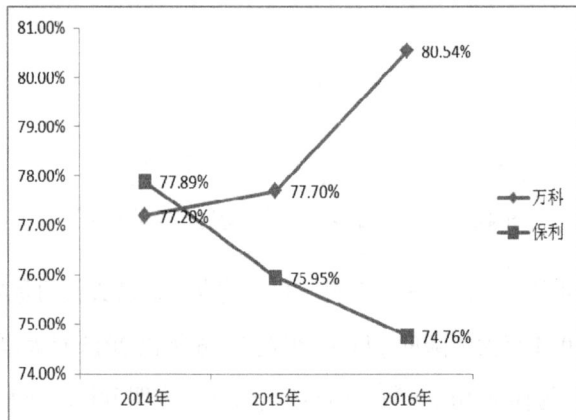

图 4-7　近三年万科与保利资产负债率对比图

1. 资产负债率

从图 4-7 可以看出，万科近三年资产负债率呈现出上升趋势，2016 年达到

80.54%；而保利近三年呈现出下降趋势，2016 年下降至 74.76%。一般情况下，资产负债率越低经营越稳健，但万科在控制整体风险的前提下，充分享受了 2015—2016 年中国央行数次降准降息的利好政策，大幅提高负债水平，借钱生钱，用低成本的财务杠杆为股东创造了更多的财富，企业价值也就提升得更快。

从净利润来看，万科 2016 年为 210.23 亿元，同比增长 16.03%；保利 2016 年为 124.22 亿元，同比仅增长 0.60%。在充分利用低成本负债这一点上，万科抓住了良机，实现了大象奔跑；而央企保利则显得过于保守，最终业绩几乎是原地踏步的。

2. 财务费用占长期借款比重

我们用财务费用/长期借款来衡量公司银行借款成本的高低。从图 4-8 可以看出，万科近两年的借款成本低于保利，尤其是 2015 年抓住了央行数次降息的大好机会，用低利率的借款置换了大量高利率的借款，降低了资金使用成本，体现出了更好的资金管理能力。

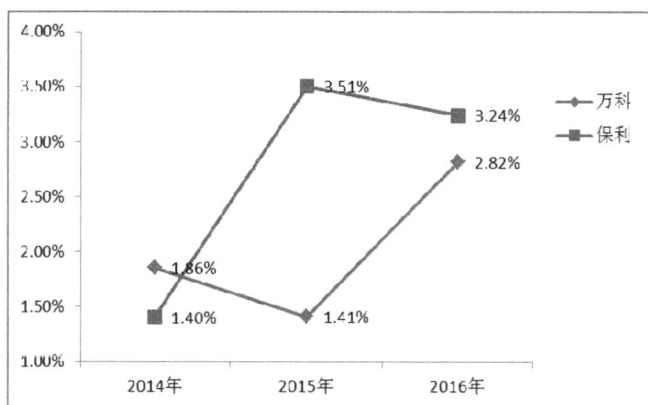

图 4-8 近三年万科与保利财务费用占长期借款比重对比图

4.3.3 盈利能力比较

最后我们来看通过资产营运管理与资金成本管理能力来创造公司业绩的比较，选择毛利率、净资产收益率、每股收益三个指标，万科与保利对比如图 4-9、图 4-10、图 4-11 所示。

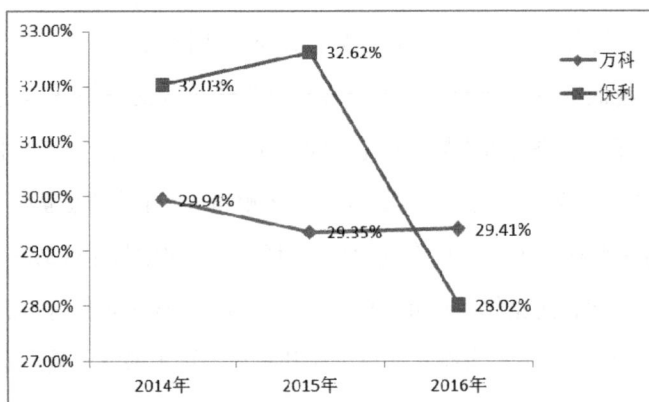

图 4-9　近三年万科与保利毛利率对比图

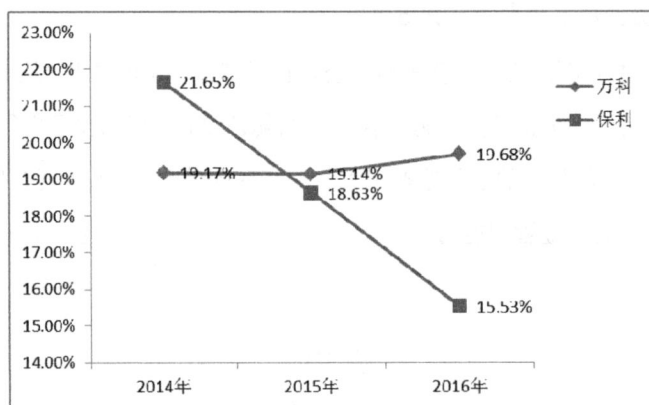

图 4-10　近三年万科与保利净资产收益率对比图

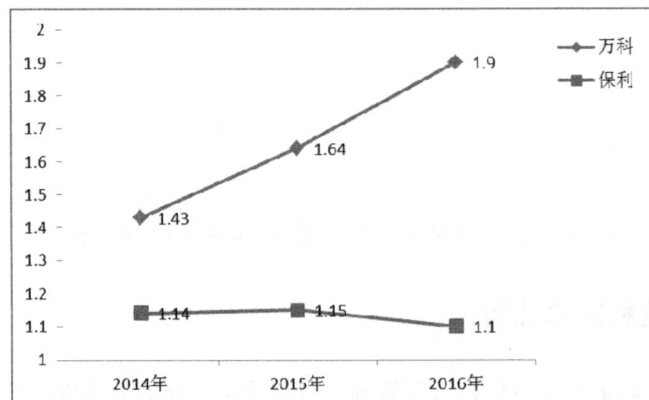

图 4-11　近三年万科与保利每股收益（元/股）对比图

从毛利率来看，近三年万科毛利率稳定在 29% ~ 30% 之间，并于 2016 年超越保利；保利 2014 年、2015 年毛利率还在 32% 以上，但 2016 年下滑至 28.02%，这是由于开发成本提高所致，2016 年保利营业收入同比增长 25.38%，但营业成本同比增长 33.26%，因此毛利率水平降低了。

在营业成本的构成当中具体哪一部分成本项目增幅较大，年报中未予披露，但笔者推测应该与资本化利息较高有关系。从净资产收益率来看，万科近三年稳定在 19% 以上；而保利波动较大，从 2014 年的 21.65% 下滑至 2016 年的 15.53%，这也与 2016 年保守的杠杆政策有关，没有利用低成本负债创造更多的净利润，导致净利润徘徊不前，同时分母净资产在不断增加，那么净资产收益率就会越来越低。

从每股收益来看，万科显著优于保利，万科近三年每股收益水平快速提高，2016 年达到 1.9 元/股；而保利则原地踏步，甚至有轻微下滑。如果企业没有创造出与资本投入同步增长的净利润，那么股东的投资回报收益率就会不断下滑。

综上对比我们可以发现，公司的资产营运管理与资金成本管理能力将会最终影响净利润的创造，影响股东的资本回报水平，因此应十分重视资产管理，加速资金周转，促进资金回收，并努力降低资金筹集和使用成本，开源节流，最终提升公司的价值，为股东创造更多的财富。

第 5 章

如何通过年报揭示公司重大风险

从年报中不仅能看出各种财务指标和经营数据，还能分析出公司所蕴藏的各类风险，包括经营风险、财务风险、法律风险等，可以从年报中的"重要提示""主要财务指标""经营情况讨论与分析""重要事项"等部分识别和评估。

公司风险可能是潜在的，也可能是已经存在的，会给公司经营业绩带来一定的损失，因此识别风险对于投资十分重要。由于年报往往倾向于"报喜不报忧"，因此对各类风险的分析和识别不仅需要对公司业务有深入的了解，还需要具有敏锐的风险意识。

5.1 如何判断技术风险

判断技术风险主要适合于新兴行业公司，在一些高科技行业，例如互联网、生物医药、高端设备制造等行业中，技术研发成功与否，会对公司的经营产生重大影响；新的技术出现，导致现有技术过时被淘汰，会给一个技术型公司带来巨大的风险和压力，此时不适合使用市盈率投资法来判断。

为什么市盈率不适合在技术性行业里使用？因为当一项技术落后使得产品不再被需要时，公司业绩会一落千丈，而此时股价也会随之走低，市盈率会越来越低，有人就遵循低买高卖的原则，认为自己是逢低买入的，实则不然。

这是因为技术过时对公司是一种毁灭性的打击，有可能市盈率再也回不到原来的水平，不断创新低，这不再是震荡行情，而是单边下跌行情，此时仓促买入，无异于徒手接飞刀，尤其是被严重高估的泡沫性股票，更是风险巨大，应该理智分析判断市盈率下跌的原因。20 世纪初美国的互联网泡沫破灭，绝大部分公司再也没回到泡沫破灭之前的水平，多少投资者或忍痛割肉，或被套至今，苦不堪言。

面对技术风险，应该理智分析公司是否有能力面对技术方面的挑战，是否有相应的研发能力来生产新技术产品以应对竞争对手，或者进入新的经营领域以保存实力，如果只是任由形势恶化没有采取有效措施及时应对，那么技术风险带来的股价下滑将是漫长的一场灾难。

因此，投资高科技行业在获取高回报的同时，也面对着巨大的风险，风险与收益永远成正比。巴菲特从来不投资房地产和互联网行业公司，前者是因为不喜欢，后者则是由于看不懂，所以做股票最好是做自己看得懂的行业、看得懂的生意、看得懂的公司，盲目跟风炒作，将泡沫非理性扩大，最终受伤的还是自己。

哪种公司的技术风险低呢？笔者认为肯定是行业龙头，第二名也不一定靠谱，就选第一名，在电商行业能超越阿里巴巴的可能性微乎其微，在互联网社交行业能干过腾讯的估计短时间内不会出现，行业龙头具备天时、地利、人和三大要素，处在时代的风口上，占据龙头地位，吸引顶尖人才，因此能不断巩固行业优势地位，实现更稳定的发展。

如果你不是学技术的理工科出身，对技术不"感冒"，甚至也判断不出来行业龙头到底是哪个，那么建议你回避高技术股票，去寻找自己认知范围内的消费类、周期类股票，像巴菲特一样，不求超额回报，只求小心驶得万年船。

5.2 如何判断产品风险

产品风险主要是由产品的研发生产、产品结构和组合、产品性质以及产品外部监管等带来的各种不确定性。

5.2.1 耗时久、不确定性高的产品研发

产品研发耗时久，一方面，会导致生产成本高，从而必须以高价格卖出才得以获利；另一方面，即使产品研发成功，但其需求也仍存在不确定性，或者市场难以接受其价格。例如医药行业研发新药品时往往要经过漫长的开发周期，投入大量资金，至于新药品研发成功与否，以及成功后能否被消费者接受，往往都是一个未知数，给投资带来重大不确定性。我们以科伦药业（002422）为例来说明。

科伦药业是一家从事大容量注射剂（输液）、小容量注射剂（水针）、注射用无菌粉针（含分装粉针及冻干粉针）、片剂、胶囊剂、颗粒剂、口服液、腹膜透析液等 25 种剂型药品及抗生素中间体、原料药、医药包材、医疗器械等产品的研发、生产和销售的上市公司。

科伦药业是中国输液行业中品种最齐全、包装形式最完备的医药制造企业，也是目前国内产业链最完善的大型医药集团之一。

2010 年科伦药业刚上市的时候，就制定了"三发驱动"的发展战略——第一台发动机：通过持续的产业升级和品种结构调整，不断巩固和强化包括输液在内的注射剂产品集群的总体优势；第二台发动机：通过对水、煤炭、农副产品等优质自然资源的创新性开发和利用，构建从中间体、原料药到制剂的抗生素全产业链竞争优势，最终掌握抗生素的全球话语权；第三台发动机：通过研发体系的建设和多元化技术创新，对优秀仿制药、创新小分子药物、新型给药系统和生物技术药物等高技术内涵药物进行研发，积累企业基业长青的终极驱动力量。

自 2013 年以来，科伦药业研发投入超过 19 亿元，目前科伦药物研究院的

在研品种有 337 个，已有 49 种优秀药物获批临床，有 36 项待批生产。公司投入大量资金进行研发的财务后果有哪些呢？我们来看一下 2016 年年报中的关键业绩指标数据，如表 5-1 所示。

表 5-1　科伦药业关键业绩指标数据

项　　目	2016 年	2015 年	2014 年
营业收入（亿元）	85.66	77.63	80.23
净利润（亿元）	5.85	6.45	10.02
净资产收益率	5.21%	5.91%	9.78%
每股收益	0.41	0.45	0.7
研发支出（亿元）	6.13	4.98	3.89
研发投入占营业收入比例	7.16%	6.42%	4.85%
资本化研发投入占研发投入比例	10.72%	12.86%	19.65%
投资活动现金净额	−17.89	−21	−29.89

从表 5-1 可以看出，科伦药业 2016 年营业收入有所增长，比 2015 年增长了 10.34%，但研发投入增长得更快，占营业收入的比重也是逐年上升的，2016年研发投入 6.13 亿元，比 2015 年增长了 23.09%，占营业收入的比重从 6.42%提高到 7.16%，但同时资本化比例（表示已经完成研发的部分）却从 2014 年的 19.65%下滑至 2016 年的 10.72%。

这表明公司研发活动尚处在初级和前期阶段，研发成功与否存在重大不确定性。大额研发支出导致净利润有所下滑，比 2015 年减少 9.30%，同时净资产收益率和每股收益都有所下滑，研发活动带来的投资活动净现金流出金额也维持在较高水平。

通过以上分析，我们可以判断出科伦药业整体处在研发投入的初级阶段。首先，研发支出占用了公司大量资金；其次，研发产品成功与否尚存在较大不确定性；最后，即使产品面世，但能否被消费者所接受也仍是未知数。也就是说，研发活动尚未对业绩产生正面影响，公司面临较大的产品风险。

按照公司本身乐观一点的说法是，"公司处在关键转型期，转型之后，公司的产品体系将更加成熟，竞争力将大大提高"。当然，这只是一种官方说辞，作为投资者只需听一下就好，更需要看实际业绩如何。

　　我们对这种研发产品存在不确定性、处在转型期的公司应该采取的策略最好是——观望，以"吃瓜群众"的心态，看着它研发，等到它的资本化率提高，产品推出之后，看到公司业绩真的变好了，再介入也不迟；否则，贸然介入会存在较大的时间成本，以及面临较大的产品风险。如图5-1所示，也表明近五年在二级市场上科伦药业股价难以有突破。

图 5-1　近五年科伦药业股价难以有突破（月 K 线图）

5.2.2　产品结构过于单一

　　如果公司的产品结构较为单一，严重依赖某类型产品，那么就相对容易被竞争者攻陷，尤其是在缺少产品、缺少"护城河"保护的情况下，往往会面临毁灭性的摧残。我们来看一个典型的例子——百润股份（002568），这是一家经营香精香料与预调鸡尾酒双主业的公司，但香精业务营业收入占比仅有5.8%，鸡尾酒占比达到 94.14%，因此这是一个严重依赖鸡尾酒销售的单一业务公司，如果鸡尾酒销售不佳，则会直接重挫公司业绩。

　　为保障销量，公司的战略是首先梳理产品定位，然后根据定位形象砸重金进行广告营销。由于 RIO 鸡尾酒度数介于饮料与酒类之间，十分迎合小资情调的都市男女口味，尤其是年轻女性，RIO 鸡尾酒立志成为男女社交、闺蜜小聚的专用饮料。

　　定位明确之后，公司开始加大广告营销力度。2014 年豪掷 2 亿元深度植入浙江卫视高收视率王牌综艺节目《奔跑吧，兄弟》，2015 年继续赞助"跑男"

第二季，同时先后植入诸如《何以笙箫默》《杉杉来了》《把爱带回家》等年轻都市情感题材的热门电视剧，冠名湖南卫视热门综艺《天天向上》，还请来了一线影视巨星周迅为其代言，其洒脱飘逸、张扬有度的个性也十分符合 RIO 鸡尾酒的产品定位。

猛烈的营销带来了业绩的喷发，天猫的销售数据表明，在其植入大量霸屏广告的电视剧《何以笙箫默》热播期间，RIO 鸡尾酒的销量同比增长 8 倍，平均每 3 秒就售出一瓶，公司通过加大广告营销力度，塑造产品品质与形象，使得业绩大增。

潮水来得快，往往退得也快。2015 年百润股份在 RIO 鸡尾酒产品上的大获成功引起了竞争对手的极大关注与竞相效仿。由于鸡尾酒产品本身并没有很高的门槛，而且口味也并无特别之处，别的厂商也可以生产甚至是口味更丰富的产品，至于重金砸广告营销宣传的策略，财大气粗的酒企更是信手拈来。

五粮液推出类似的德古拉预调酒，古井贡推出多种水果口味的预调酒，国际大品牌百威英博也推出"魅夜"鸡尾酒品牌，鸡尾酒消费者被大量分流。在产品本身方面，RIO 鸡尾酒也存在着缺陷，那就是定价较高，如果说市场新推出 RIO 时大家会抱着尝鲜的态度来购买它，但是由于其性价比不高，消费者就很难再去反复购买，2015 年 RIO 鸡尾酒的毛利率高达 76.55%，2016 年达到 72.81%。可以说同样口味的休闲酒类，啤酒、红酒甚至罐装饮料的性价比会高出一筹，而公司却认为，高毛利率水平表明公司具有持续、健康发展的能力。

在笔者看来，走亲民路线反而更能迎合大众口味，这个价位的需求弹性相当大，适当降低毛利米促进销量的更大增长反而是一种更好的发展战略。百润股份 2016 年半年报显示，RIO 鸡尾酒的销量同比降低 78%，遭遇严重滑铁卢；2016 年年报显示，2016 年营业收入比 2015 年减少 60.64%（如图 5-2 所示），由盈利 5 亿元转为亏损 1.47 亿元。

如果只看到 2015 年年报数据的高增长，在 2016 年买入，就忽略了增长的可持续性。如果公司严重依赖某一产品，同时该产品又没有较高的壁垒，无法阻止竞争者跑过来抢一杯羹，那么这种高增长或许只是昙花一现，看不到这一

点的投资者高位接盘损失惨重，公司股价从 2015 年的高点暴跌了 75%（如图
5-3 所示），至今仍难有起色。

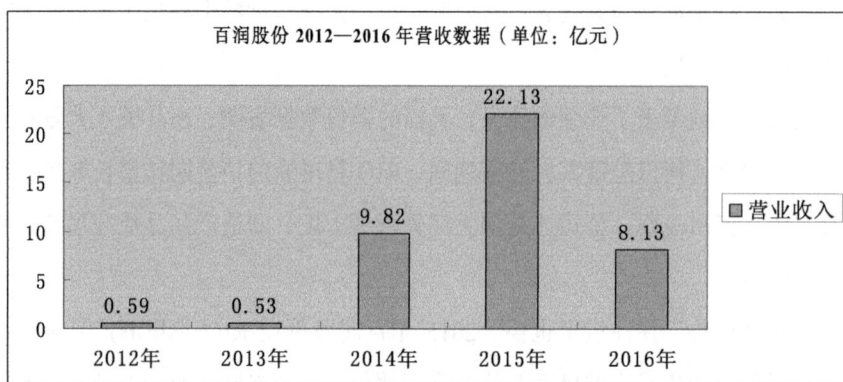

图 5-2　百润股份 2012—2016 年营收数据：高速增长被证伪

图 5-3　百润股份遭遇滑铁卢（月 K 线图，前复权）

5.2.3　产品性质复杂且难以审计盘点

公司产品性质复杂，缺少专业知识的投资者很难看清、看懂，同时又难以
被审计师盘点，那么就很难弄清楚公司的存货到底处于什么状态，公司内部也
容易在存货的数量、质量以及存货减值计提上做文章，这类公司还是要远离为好。

我们以獐子岛（002069）为例来说明。獐子岛是一家从事各类海产品生产、
养殖与销售的公司。2014 年 10 月 30 日，獐子岛发布公告，称公司于 2011 年
和 2012 年播种在海里的虾夷扇贝，因受"冷水团"的影响而遭遇灭顶之灾，
总共 105 万亩的海域范围全部"受灾"，公司根据会计准则的规定计提资产减

值损失接近 8 亿元，从而导致前三季度共计亏损 8.12 亿元。

该报告引来市场一片哗然，媒体与投资机构纷纷踏上这片岛屿，开启"寻贝之旅"，并称"活要见肉，死要见壳"。据悉，獐子岛当时没有形成完全闭环的产业链，虽然拥有自己的苗种基地，但部分虾夷扇贝苗种依然需要从外面采购，才能满足自身底播养殖的数量需求。2011 年，80% ~ 90% 的苗种是由公司采购而来的。

獐子岛集团养殖事业部经理负责在海洋岛收购苗种，他手下的一名会计跟随负责记账。经理和苗种老板谈好之后，由会计检查每箱苗种数量，然后计入账本。其中存在的一个问题是，由于收购的苗种太多，无法做到每箱都检查，而且一般都由经理和苗种业户商量好价钱，经理说有多少苗种，会计就记多少苗种，存在极大的舞弊空间。

在收购苗种的过程中，最不可控的是除了苗种的数量不对，还有苗种"死亡率"带来的操作空间。当年收购苗种是在 11 月份，温度较低，扇贝苗种会出现死亡情况，因此公司允许苗种存在一定的死亡比例，但死亡率很难准确认定，所以操作空间非常大。

在采购完苗种之后，带有活水舱的播苗船载着苗种驶向指定的底播海域，把苗种撒向茫茫大海。

"这期间播撒的是啥东西，谁知道？"

"黑天鹅"事件刚刚过去半年时间，獐子岛突然带给投资者一个"惊喜"。獐子岛于 2015 年 6 月 1 日发布公告称，"公司底播虾夷扇贝生长正常，符合预期，尚不存在减值的风险。"这则公告立即引来投资者 片惊呼，"獐子岛去年 10 月失踪的价值 8 亿多元的虾夷扇贝又游回来了？"

在上述公告的当天，獐子岛同时发布公告称，"公司正在筹划非公开发行股票相关事宜，公司股票自 2015 年 6 月 1 日开市起停牌。"根据 2014 年 12 月的 K 线图可见，"黑天鹅"事件发生后，其股价最低曾下探至 11.10 元，从当时的巨量成交就可以看出，有众多投资者遭受巨大的损失。

不过，就在大批股民"出逃"之时，獐子岛高管以 11.27 元/股的价格增持了 179 万股,这一价格也基本是獐子岛复牌后的最低价,公司高管成功"抄底"。2015 年 3 月,獐子岛发布股票期权激励计划草案,授予的股票期权行权价格为 13.45 元/股。看似市价推行的股权激励,其实是股票大幅跳水之后的价格。

在獐子岛完成股权激励后,公司股价开始一路上涨,上述"抄底"的公司高管获利颇丰。獐子岛上演股市"黑天鹅"事件,投资者亏损累累,而上市公司自家人却从中大获其利。如此深的套路,你敢玩吗?而当你看穿这一切时,市场已不再给你机会,如图 5-4 所示,獐子岛股价已处于下行趋势当中。

图 5-4 獐子岛在"黑天鹅"事件之后投资价值稳步下滑(月 K 线图)

5.2.4 产品受到严格监管

如果公司产品受到较为严格的监管,就容易面临被判违规从而导致受处罚的风险;如果是公司依赖的重要产品遭受处罚,那么往往会带来致命的摧残。我们以恒生电子(600570)为例,该公司的主要产品为金融行业 IT 产品,而中国证券监督管理委员会(下简称"证监会")对此往往有严格的监管。由于证券金融行业往往牵涉资金量较大,如果放松监管,那么侵犯投资者财产所带来的损失就会十分严重,因此对证券金融行业从业机构务必要进行从严监管,从事相关行业的公司也必须吃透游戏规则;否则就会带来不必要的损失,甚至付出违法犯罪的代价。

据了解,恒生电子子公司恒生网络被指在明知客户经营方式的情况下,仍向不具有经营证券业务资质的客户销售系统、提供相关服务,并获取非法收益,通过该系统,投资者不履行实名开户程序即可进行证券交易,严重扰乱了证券市场秩序。

2015 年 9 月 6 日，证监会对恒生网络及相关责任人依法做出行政处罚，没收恒生网络违法所得 1.33 亿元，并处以 3.99 亿元罚款；对恒生网络董事长、总经理给予警告，并处以 30 万元罚款。处罚金额基本上相当于恒生电子一年的净利润，公司 2015 年算是白干了。

而此后，恒生电子的股价再也没能回到受处罚之前的水平，如图 5-5 所示。

图 5-5　恒生电子被证监会处罚后股价一蹶不振（月 K 线图，前复权）

5.3　如何判断人员风险

人员频繁流动、高管离职绝对不是一个好信号。2017 年 3 月 28 日，复星集团二把手副董事长、CEO 梁信军因"身体原因"辞去复星集团内职务，集团董事长郭广昌对上述消息予以证实，称"不能总让老球员来踢球"，还表示"复星初心不改，会有更多的新鲜血液加入进来，未来也会给予员工更多的空间，充分信任复星高级管理层、全球合伙人，让员工承担更大的责任、发挥更多的作用"。

但二把手离职，对公司的经营理念、经营战略、经营方式乃至具体的管理体系都会有不小的冲击，短期内高层人事动荡总会给公司带来利空影响，但长期来看，这也是新老交替的自然规律，只要公司大的方向未变，那么短期人员变动带来的风险会被长期的业绩表现所消化，如果是好公司，这反而提供了一个好的买入机会。

5.4　如何判断财务风险

财务风险集中体现在资金流的余缺上面，如果企业无法实现充沛的现金流入，甚至无法满足正常的经营活动的需要，那么企业就可能面临很高的财务风险。

5.4.1　为什么说"现金流是公司的生命线"

纵观古今中外，公司破产的原因基本都可以归结为"资金链断裂"，现金流作为真金白银，是公司偿还债务的直接手段；否则便只能变现长期资产来还债，而卖掉长期资产，那么企业怎么来进行正常生产经营呢？

5.4.2　如何判断公司现金流断裂的风险

在现金流量表中，"经营活动产生的现金净流量"为负数，同时筹资活动产生的现金流量很小，就说明公司既不能依靠自身的主营业务来创造现金流入，又不能通过外部筹资手段来获取资金，如果此时公司备有大量负债，到期不能偿还的风险就很大。

为了衡量现金流断裂的风险，我们常用一系列计算方法来反映企业现金流的质量状况。比如用经营活动产生的现金净流量除以净利润得出的比率可以称为"现金流覆盖净利润比率"，该指标越大，表明公司净利润有越多的现金流覆盖；如果净利润金额较大，但是现金流入较小，那么说明公司有大量资金被客户占用，净利润质量就会打折扣，甚至公司有提前确认收入的错误入账嫌疑。

国外还有一种通过衡量公司现金流量从而判断买入时机的常用方法——如果公司目前持有的货币资金能够覆盖所有负债，也就是说，偿还所有负债之后还有剩余，甚至剩余资金非常多，这就是非常好的买入点。比如，每股剩余 3 元，公司股价是 3 元，这表明你花 3 元买入该公司股权，就会立刻享有 3 元的货币资金归属于你。

另外，你还拥有除货币资金以外的所有资产，购买这部分资产你付出的代价是 0！这就是捡钱的机会，当然这种机会出现得很少，在港股当中有时会出现，需要你有极强的把握能力。

此外，自由现金流量也是常用的一种判断方法。自由现金流量=（税后净营业利润+折旧及摊销）-（资本支出+营运资本增加）。为简化计算，自由现金流量=经营活动产生的现金流量净额+投资活动产生的现金流量净额，可以从现金流量表中自动取数计算。

如果要求自由现金流量每年都必须大于 0 似乎太过于苛刻，因为公司总会有大量资本支出的时候，尤其是新建产品线、扩大生产规模的扩张时期，自由现金流量为负数也是正常的。

因此我们可以把期限放长，认为连续五年自由现金流量之和大于 0 就可以，而如果连续五年之和还是负数，则表明公司的资本支出并未获得良好的产品销售收入和投资回报，资本支出的收益性就值得商榷并尽量回避。

衡量现金流水平还可以从另一个角度考虑——如果一个公司可以较大规模、较长期地占用客户与供应商的资金，同时自己的资金被别人占用得却很少，那么表明该公司对产业链具有较强的控制能力，客户和供应商都得听它的。

占用客户与供应商的资金分别反映在预收账款和应付账款上，客户与供应商占用自己的资金分别反映在应收账款和预付账款上，因此可以用（预收账款-应收账款）/营业收入来衡量与客户之间的资金流强弱，用（应付账款-预付账款）/营业成本来衡量与供应商之间的现金流强弱。上述两个指标越高，说明公司现金流的净流入越多。

那么是不是现金流水平差的公司就不用考虑了呢？当然也不是，要分场合、看发展阶段。在一个行业发展初期，由于市场需求量增长快，公司进行大量投资，扩建生产线，扩大生产规模，以期提高市场占有率，这时公司的现金流入往往就很小甚至是负数。

但这种投资却有利于公司长远发展，有利于提高公司的市场占有率，因此在一个快速增长的行业里，尤其是对于在成立初期业务快速扩张的公司，对现金流的要求就要相对宽松一些，不能仅因现金流指标就错过一个高速成长的公司。

但是在成熟行业里，例如传统行业，如果公司现金流比较小，那么就很可能说明公司经营确实出现问题。因为成熟行业公司往往不再大规模增加投资，现金流出减少，此时如果现金流短缺，要么是因为市场需求萎靡、产销清淡，要么是因为公司回款过慢、资金被客户占用，或者被大股东掏空……也就是说，成熟行业对现金流的要求严格一些，只有现金流充沛的公司才值得被关注。

5.4.3 寻找拥有充沛现金流的好公司

我们来看一个现金流充沛的好公司的例子。信立泰（002294）是一家专注于高端化学药、创新生物药、生物医疗三条业务主线的医药公司，聚焦于心血管、降血糖、抗肿瘤、骨科领域，以创新优势奠定了心血管领域的领先地位，专业的研发力量进一步丰富着公司的产品线，以提高综合竞争力。我们通过比较 2016 年与 2015 年和现金流量相关项目的变动情况，来分析信立泰现金流量的变化趋势。

从表 5-2 可以看出，2016 年与 2015 年相比，公司货币资金增加了 7 亿元，其中，经营活动贡献了 3.8 亿元，筹资活动贡献了 2.6 亿元，投资活动主要是银行理财，我们暂且忽略，而经营活动现金净流量基本相当于营业收入增长金额，也就是说，卖了一件产品，就能收到一件产品的钱，这表明现金流非常充沛和牢靠。

表 5-2　信立泰 2016 年与 2015 年现金流量对比

项　　目	2016 年	2015 年	变动额	变动率
货币资金（亿元）	17.14	10.05	7.09	70.55%
营业收入（亿元）	38.33	34.78	3.55	10.21%
净利润（亿元）	13.96	12.66	1.3	10.27%
经营活动现金净流量（亿元）	14.35	10.56	3.79	35.89%
投资活动现金净流量（亿元）	−5.3	−4.46	−0.84	18.83%
筹资活动现金净流量（亿元）	−2	−4.59	2.59	−56.43%
现金流覆盖净利润比率	102.79%	83.41%	19.38%	19.38%
每股收益	1.33	1.21	0.12	9.92%

我们通过计算现金流覆盖净利润比率也发现，它从 2015 年的 83.41% 提高到 2016 年的 102.79%，表明公司净利润质量非常好，所赚的每 1 元钱都可以及时回收，显示了非常好的现金流管理能力，具有充沛现金流的公司可以抓住更好的投资与发展机会，也往往有能力实施高分红策略，容易受到投资者的青睐。

公司拥有充沛的现金流往往得益于良好的收款、催款能力，当然本质上还是由于公司自身主营业务的盈利能力较强。我们来看一下近两年信立泰的毛利率，如表 5-3 所示。

表 5-3 信立泰毛利率

项　　目		2016 年	2015 年
营收比重	医药原料	21%	21%
	医药制剂	79%	79%
毛利率	医药原料	31%	32%
	医药制剂	87%	85%
	合计	75%	73%

从表 5-3 可以看出，公司毛利率从 2015 年的 73% 提高到 2016 年的 75%，在国家出台一系列药品管制与价格管制政策、实行医保控费、降低药品价格的背景下，这是一个多么难得的成绩，表明公司产品有一定的市场优势，在心脑血管、血糖、肿瘤领域也是具有产品定价优势的，公司在主业上拥有更多的现金流入、更少的现金流出，这就是值得投资的对象。在二级市场上，信立泰也表现出逐步上行的趋势，如图 5-6 所示。

图 5-6 信立泰周 K 线图（前复权）

5.5 如何判断法律风险

判断法律风险的目的在于尽量回避存在重大诉讼案件的公司，尤其是万一败诉就会带来巨额现金流偿付的情况；回避编制虚假业绩骗取上市资格、配发、增发的公司；回避因严重违规行为被管理层通报批评或处罚的公司。公司法律风险在年报中的"重大事项"部分会涉及，投资者要仔细阅读并予以排查。

5.6　如何识别年报中的假账

下面介绍几种常用且有效的识别公司假账嫌疑的方法。

5.6.1　净利润大增，但经营活动产生的现金流增长很小或负增长

如果仅仅是净利润的增长，而现金流并没有相应的增长，表明公司确认的净利润并没有现金流支撑，那么净利润的确认就值得怀疑。

5.6.2　其他类科目金额较大

按照会计准则的规定，公司最常发生的业务涉及的金额也会越大，它们都会放在一个主流科目里，例如客户欠款放在应收账款科目里，欠供应商的款项放在应付账款科目里，其余资金较小的应收、应付款项放在其他应收款、其他应付款等其他类非主流科目里。

但如果一个公司其他类科目金额较大，甚至超过主流科目，那么这往往是公司藏污纳垢的表现。例如大股东资金占款往往放在其他应收款科目里，公司占用其他方资金放在其他应付款科目里，这种资金拆借行为可能预示着大量的关联交易，其业务独立性就会受到损害，因此应该尽量避免这种其他类科目金额较大的公司。

5.6.3　存货性质复杂，难以审计

存货性质复杂，难以审计，参见前面所提及的獐子岛，这种公司往往出于特定目的，利用存货难以审计的特点，想怎么说就怎么说，想怎么做就怎么做，谁让你没办法查呀，所以做假账的嫌疑很大。

5.6.4　连续亏损，业绩压力大

我国证券法规定，连续两年亏损，公司就会被"ST"（披星戴月）；连续三年亏损，公司会被暂停上市，因此许多连续亏损的上市公司为了保住壳，不惜忍受巨大压力，在业绩上动手脚，哪怕是微薄的盈利（甚至 0.01 元也行），也能避免被退市的命运。

5.6.5　会计政策、会计估计变更较频繁

会计政策指的是公司会计处理所使用的方法、手段、原则，涉及会计确认和计量两个方面。公司应该披露的会计政策包括：发出存货的计价方法，长期股权投资的后续计量核算是采用成本法还是权益法，投资性房地产的后续计量是采用成本模式还是公允价值模式，固定资产的初始确认方法，收入的确认政策，借款费用的处理方法，即如何判断是资本化还是费用化，以及合并政策等。会计估计指的是公司在一定的可操作范围内，对结果不确定的交易或事项所做的假设和判断。例如应收账款坏账的计提比例、存货可变现净值的确认、固定资产的折旧方法、折旧年限的选择与净残值的估计、采用公允价值计量的各类资产的公允价值的确定方法等。

会计政策与会计估计一般具有稳定性和持续性，如果发生变更则表明公司放弃了一贯的做法，采用了新的做法，这往往是为了达到特定的目的，通过操控会计手段来实现造假的阴谋。

5.6.6　净利润"一年为正，一年为负"

净利润"一年为正，一年为负"，这类公司的业绩往往具有迷惑性，常常在 0 左右徘徊，第一年亏损，第二年盈利，以避免被"ST"。这种做法往往是将亏损集中确认在某一年"洗大澡"，一次亏个够，然后第二年的业绩压力就会小很多，在本来亏损的情况下实现微盈，这类公司也要尽量避免。

5.6.7　频繁更换会计师事务所

根据我国注册会计师审计准则的规定，同一个会计师事务所在审计同一个客户达到 5 年的时候要进行轮换，这是一种正常的约束性规定，避免会计师事务所与公司之间产生过于密切的关系。但如果公司频繁更换会计师事务所，尤其是前任审计师出具的是"不清洁意见"（包含带强调事项段的审计意见、保留意见、无法发表意见、否定意见）的审计报告，那么公司极有可能存在购买审计意见的行为，来掩饰和隐瞒财务造假或舞弊，规避证券交易所的监管。

第 **6** 章

如何通过年报判断公司分红与送（转）股情况

高分红与高送转公司一般都是业绩优良、成长性较好、未分配利润较多的优质公司，从年报当中寻找具备高分红与高送转条件的公司，运用股价波动的规律，在恰当的时机介入，往往会有不错的收益，甚至如果长期持有超级优质公司的股票，经过不断除权、填权，收益率会超乎想象。

6.1 如何识别高分红公司

高分红指的是公司分红股息率较高，一般达到 4%以上。高分红反映出公司现金流充沛、经营状况良好，一般是成熟期行业内的公司，例如白酒、家电、银行、高速公路、钢铁、服装等，往往是高分红公司聚集地。

6.1.1　上市公司分红的方式有哪些

上市公司分红的方式主要有以下两种。

1.现金分红

现金分红，比如每 10 股派 1 元，这是上市公司最常用的分红手段，直接以现金形式发放到每一个股票持有者的账户，也是广大股民喜闻乐见的分红形式。在会计上做如下处理：

借：利润分配——未分配利润

贷：应付股利

实际发放股利时：

借：应付股利

贷：银行存款

2.股票分红

股票分红是可以增加股东持股数量的一种分红方式，具体有以下两种类型。

（1）送股，比如 10 送 1，意思是用公司累计未分配利润增加股本，每 10 股增加 1 股送给持有的股东，送股之后股本增加 10%，10 送 10 的话股本数量就增加 1 倍。在会计上做如下处理：

借：利润分配——未分配利润

贷：股本

（2）转股，比如 10 转 1，意思是用公司资本公积转为股本，每 10 股增加 1 股，转股之后股本增加 10%，10 转 10 的话股本数量就增加 1 倍。在会计上做如下处理：

借：资本公积

贷：股本

不同的分红方式对公司所有者权益的影响也有所不同。现金分红方式减少了公司所有者权益，同时也有助于提升净资产收益率这一指标，现金分红所得要缴纳个人所得税，由分红公司代缴。送股和转股对所有者权益总额没有影响，只是影响所有者权益内部的结构，送股减少了未分配利润，增加了股本；转股减少了资本公积，增加了股本。

送股和转股对公司留存的未分配利润和资本公积有一定的要求，对公司来说，转股相对容易，而送股则要有足够的利润；对股民来说，转股和送股带来的实际意义都一样，但我们可以通过这个衡量一个公司盈利能力的强弱。送股和转股的区别还有送股要缴税，此部分所得税由公司代缴，不会影响个人所得的股票数量。

要注意几个与分红相关的重要日期。宣告日指的是上市公司公告分红的日期；除权日指的是划分分红权的日期，除权日收盘之时持有公司股票的股东才享有分红权；实际分红日指的是上市公司实际把分红划转到股东账户的日期。我们可以盯住这三个重要日期，因为它们之间的股价走势往往具有以下规律性。

- 一般宣告日至除权日之间以涨势为主，因为大家都在期望着获取分红，而一直持有至除权日收盘才可以享受此权利。
- 实际分红日之后以跌势为主，大家获取红利后一哄而散，好股票有可能会再走出填权行情，也就是股价又回到除权之前的价格。

当然，不要以为你在除权日收盘之前买了一只分红率为 5%的股票，睡一觉第二天就有5%的收益率了，而是要注意分红除权，意思是一只 30 元的股票，每股分红 1 元，那么分红之后每股价格会降为 29 元（不考虑股价波动，仅考虑分红除权这一因素），你得到了每股 1 元的现金红利，却也同时失去了 1 元的股价，至于日后股价是涨是跌，还是取决于股票本身的好坏。

现金分红越多越好吗？

不一定！分红越多，可能表明公司并没有更好的发展方向和投资机会，反而为了提高账面净资产收益率，以期提升大众对它的估值而大量分红，这种"为分红而分红"的高分红就要重新考虑长期持有是否合适了，最好在分红之后的填权行情中逐步抛出，除非你长期看好公司发展前景。

在第3章中我们讨论了公司的成长能力，那么在高成长与高分红的公司之间究竟该如何选择呢？

关键是先找到真正的高成长股和高分红股，这一点是前提。高成长容易遭遇"戴维斯双杀"，万一成长被证伪则会遭遇血洗，看一下 2015 年的全通教育，它不是真正的成长股；反而像老板电器这种专心做产品控成本的公司，专心通过做产品来控制成本，最近六年营业收入增长率每年都不低于27%，净利润增长率每年都不低于43%，这种长期、稳定、持续、中高速成长的公司才是笔者眼中真正的成长股。公司因为业务持续扩张，对资金需求量大，因而分红会低一些，但其高成长性带来的股价涨幅所获得的收益远远超过分红的收益。）

对于高分红股，往往出现在传统的成熟行业里，例如煤炭、钢铁、家电、银行、白酒，这类行业公司业绩稳定，也没有更多的新的投资机会，因而采取高分红策略，这一方面是为了吸引风险偏好低、信奉"双鸟在林不如一鸟在手"的投资者；另一方面是可以显著降低股东权益，从而显著提高净资产收益率，对股东也是一个交代。

高分红公司通常曾经也是高成长公司，当基数变大、市场竞争者变多之后，高成长的脚步就会放慢，直到业务边际扩张带来的贡献为 0，公司往往转为高分红。

至于高成长和高分红哪个好，经过上面分析也可以看出，只要你能找到真正的高成长公司，肯定就要长期持有到高分红阶段；如果找不到或者没那么多精力去找，那么高分红公司或许是一个稳妥的、风险较低的、不错的选择。

6.1.2 高分红公司有什么特点

笔者通过总结分析近年的高分红上市公司，发现它们具有以下共同特点。

1. 具有高分红的历史习惯

"江山易改，本性难移"，指望一个多年来都不分红或很少分红的"铁公鸡"突然大手大脚地高分红，是一个小概率事件；相反，历史上每年都慷慨分红的公司在今年可能会继续给你惊喜。

2. 每股收益较高

公司实现较多的净利润是高分红的基础，从历史经验来看，每股收益至少达到 0.8 元/股以上才会有较大的概率实施高分红。

3. 每股未分配利润较高

未分配利润是公司历年所实现的净利润累积的余额，是可以用来分红的资金基础，未分配利润较高的公司往往倾向于高分红，以提高净资产收益率。

在投资高分红公司时，有人热衷于选择一些分红绝对金额较大的公司，例如贵州茅台、中国神华等，但笔者认为股息率（分红金额/市值）较大才是更合理的选择标准。2016 年上市公司现金分红股息率排行榜如表 6-1 所示（以股息率大于 4% 为标准）。

表 6-1　2016 年上市公司现金分红股息率排行榜（股息率大于 4%）

排名	股票代码	股票名称	现金分红比例	股息率	每股收益（元/股）	每股未分配利润（元/股）
1	002478	常宝股份	10 派 10	6.58	0.27	3.07
2	600104	上汽集团	10 派 16.5	6.5	2.9	8.78
3	600664	哈药股份	10 派 5	6.38	0.32	1.39
4	600383	金地集团	10 派 7	6.31	1.4	5.96
5	601566	九牧王	10 派 10	6.2	0.74	1.68
6	600741	华域汽车	10 派 10	5.76	1.93	5.81
7	600325	华发股份	10 派 8	5.36	0.87	4.7
8	000895	双汇发展	10 派 12	5.31	1.33	2.19
9	601288	农业银行	10 派 1.7	5.21	0.55	1.53
10	000488	晨鸣纸业	10 派 6	4.9	0.99	3.48
11	601398	工商银行	10 派 2.343	4.87	0.77	2.64
12	601939	建设银行	10 派 2.78	4.69	0.92	3.15
13	600066	宇通客车	10 派 10	4.65	1.83	3.68
14	000429	粤高速 A	10 派 3.36	4.58	0.52	1.4
15	601988	中国银行	10 派 1.68	4.54	0.54	1.9
16	600377	宁沪高速	10 派 4.2	4.51	0.66	0.61
17	600398	海澜之家	10 派 4.9	4.47	0.7	1.29
18	601328	交通银行	10 派 2.715	4.39	0.89	1.36
19	000600	建投能源	10 派 4	4.22	0.81	2.47
20	600873	梅花生物	10 派 3	4.1	0.34	1.08
21	002563	森马服饰	10 派 3.75	4.04	0.53	1.45
22	000625	长安汽车	10 派 6.42	4.03	2.19	6.48

从表 6-1 可以看出，2016 年股息率在 4%以上的 22 家上市公司当中，所处行业最多的是银行、汽车、高速公路、服装这种传统的成熟期行业，最高股息率达到 6.58%，每股收益均值水平为 1 元/股，每股未分配利润平均为 3 元/股，企业留存收益越多，才有可能分红越多。

6.1.3　高分红股适合什么时候持有

高分红股一般能穿越牛熊，尤其是在熊市里面，被一些靠股市分红度日的投资者所青睐。介入高分红股的具体时机，往往是在年报公布之前，根据往年的经验，以及公司今年的业绩情况，推断公司今年分红金额大小，在年报公布之前尽早下手，在年报公布之时可借利好出货，如果是十分看好的股票，还可以持续持有至分红除权日，但除权日之后一般会开始步入下跌轨道，可择机抛出。

6.2　如何识别高送转公司

作为价值投资的推崇者，笔者发现近年来高送转已沦为上市公司炒作股价的手段，因此建议即使操作高送转题材，也要选择业绩优良的公司，高送转只是锦上添花，而不能作为选股的唯一依据。

6.2.1　什么是高送转

高送转指的是送股或转股的比例比较高，一般达到 10 转 10 以上，并且近几年有不断上升的态势，10 转 20 甚至 10 转 30 的比比皆是。

6.2.2　高送转公司具有什么特点

1. 每股资本公积较高

由于转股需要用资本公积来转，因此对资本公积要求高一些。

2．每股收益较高，或每股未分配利润较高

由于送股是用未分配利润来送的，因此对公司盈利能力有要求，每股收益越高，送股的潜在能力就越大。

3．次新股

上市一年之内的次新股，具有强烈的扩股意愿，尤其是 IPO 时发行股票较少的公司，具有强烈的高送转动机。

4．高价股

一般 50 元以上的股票就可以称为高价股，价格过高对股份流通有一定的不利影响，因此高价股往往也具有较强的高送转动机。

6.2.3　高送转股什么时间点介入最好

高送转行情一般这样走：具有内幕消息的一批投资者会在高送转预案发布前几天就已提前埋伏，预案发布前几天一般是上涨的走势，等到发布那一天，有不少投资者借利好出货，引起股价回调；预案发布之后，在年报中会正式确认高送转方案，年报公布之后就是等待公布除权日的公告，最后是在除权日真正实施送转。例如，公司在 2016 年 2 月 18 日公布了高送转预案，4 月 13 日年报公布，包含高送转方案，6 月 12 日公布除权日为 7 月 25 日，那么在 7 月 25 日当日收盘时持有该股票的投资者均可以享受高送转的好处。

高送转题材行情一般是一波一波的炒作，在除权日到来的前几天达到最高峰，除权之后，一般享受到好处的投资者就会立刻抛售股票，引发一波下跌潮，所以最好是在除权日当天或前一、两天抛掉，等到除权之后走填权行情时再介入。

需要注意的是，就算在选择高送转热点公司进行炒作时，最好也要考虑一下公司的基本面，尽量选择业绩好、质地优良同时又有高送转推出的公司来操作。

人们通常会对市场上各种暂时的、零散琐碎的细小信息（例如高送转、政府政策方向、"黑天鹅"事件等）过度反应，而对公司本质的、稳定的信息（例如公司业绩、竞争优势、行业发展格局等基本面）视而不见，这其实有种舍本

逐末的意思，最好能从内到外进行考虑，内因是动力，外因是刺激因子，只有内因强大了，外因才有可靠根基，因此炒作高送转股选择质地好的公司，把握会更大。

6.3 案例：前复权与后复权的股价计算——万科A与格力电器会惊呆你

如果公司曾经进行过送股、转股，那么为了保证前后股价的可比性，应先进行复权，选择前复权或后复权均可。复权是指有送股/转股/配股的股票恢复除权前的价位，向前复权就是保持现价不变，把历史价折合成相当于现价的价格；向后复权就是保持起点价格（历史价格）不变，把现价折合成相对历史起点的价格。

万科A（000002）与格力电器（000651）被视为近二十年来价值投资的标杆，作为国内房地产行业龙头与家电行业龙头，万科与格力分享了中国改革开放以及城市化进程的发展红利，两家公司分别于1991年1月29日和1996年11月18日在深圳主板上市，发行价分别为10.53元和2.5元。

在之后的二十多年时间里，两家公司经过了多次现金分红、增发、高送转，我们以发行价为基准，进行后复权，得出截至2017年3月17日的后复权股价，万科A为2950元（如图6-1所示），格力电器为4050元（如图6-2所示），分别上涨了279倍和1619倍！

图6-1 万科A二十多年来的股价变动图（月K线图，后复权）

图 6-2　格力电器二十多年来的股价变动图（月 K 线图，后复权）

是不是眼馋了？这就是价值投资的魅力，拿住好股票不动，任尔东西南北风，我们的任务就是去寻找下一个万科和下一个格力。

第 7 章

还有哪些与年报相关的有用的报告

由于年报一年才更新一次，具有较大的滞后性，如果想了解一个公司最新的经营状况、财务业绩，更新对公司的认识，以判断之前的投资决策是否还恰当，那么就必然要借助年报以外的其他工具。本章介绍半年报、季报、业绩预告、业绩快报以及一些临时公告，以持续跟踪投资标的，做出合理的投资决策。

7.1 半年报、季报及其用法

半年报即反映公司半年经营业绩的报告，季报即反映公司每季度经营业绩的报告，与年报相比，它们的报告内容简短许多，适用于在阅读年报之后已经比较了解公司基本情况的前提下，根据最新更新的业绩情况来进行公司筛选，或进行前期判断的验证，进而决定是继续持有还是择机抛售。

半年报的主要内容与年报大体相同，只不过少了公司业务概要、经营情况讨论与分析、公司治理等部分，侧重于公司客观情况与财务数据的呈现，对公司经营及行业形势的主观分析和探讨较少。

季报的内容则更简洁，主要有：季度财务报告、主要会计数据和财务指标、重大风险提示、股东及其持股情况、季度业务回顾与展望、募集资金使用情况等。

半年报、季报的使用方法与年报类似，还是寻找业绩持续增长、盈利稳定、盈利能力强、现金流充沛、发展前景明朗的公司，还可以用半年报或季报来印证原先根据年报选择的股票是否还值得继续持有。

7.2　业绩预告与业绩快报

业绩预告指的是对年度经营业绩的预测与报告。我国上海证券交易所《上市公司信息披露业务手册》规定，上市公司预计年度经营业绩将出现下列情形之一的，应当在会计年度结束后 1 个月内进行业绩预告；预计第一季度、半年度或前三季度业绩将出现下列情形之一的，可以进行业绩预告：

- 净利润为负值；
- 净利润与上年同期相比上升或者下降 50%以上；
- 实现扭亏为盈。

需要注意的是，对年度经营业绩的预告为强制性披露，对第一季度、半年度或前三季度业绩的预告为自愿性披露。

深圳证券交易所《上市公司信息披露工作指引第 1 号——业绩预告和业绩快报》规定，上市公司董事会应当密切关注公司经营情况，出现以下情形之一的，应当及时进行业绩预告：

- 预计公司本报告期或未来报告期（预计时点距报告期末不应超过 12 个月）业绩将出现亏损、实现扭亏为盈或者与上年同期相比业绩出现大幅变动（上升或者下降 50%以上）的；
- 在公司会计年度结束后 1 个月内，经财务核算或初步审计确认，公司该年度经营业绩将出现亏损、实现扭亏为盈、与上年同期相比业绩出现大幅变动（上升或者下降 50%以上）的；

- 其他本所认为应披露的情形。

出现前述情形但比较基数较小的上市公司，经本所同意后可以豁免披露业绩预告公告。具有下列情形之一的，为比较基数较小：

- 年度每股收益绝对值低于或等于 0.05 元人民币；
- 中期每股收益绝对值低于或等于 0.03 元人民币；
- 第三季度每股收益绝对值低于或等于 0.04 元人民币。

业绩预告由于公布时间较为靠前，有不少投资者可能关注度不够，而在股市当中往往会有提前反应的现象，即股价变化会提前于业绩变化，股价变动的幅度也会大于盈利的变动幅度，其原因在于投资者的心理预期，也就是我们通常所说的"买股票是买预期和未来"。

当然，使用业绩预告时要注意最终业绩达不到业绩预告中的预测数据并且相差较大的情形，此时往往会伴随着投资者的报复性抛售，这时就要冷静分析业绩不达预期的真正原因，是一时性的、偶然的、暂时的，还是长期性的、难以克服的问题，进而做出下一步决策。

上市公司可以在年度报告和中期报告披露前公布业绩快报，披露本期及上年同期营业收入、营业利润、利润总额、净利润、总资产、净资产、每股收益、每股净资产、净资产收益率等主要财务数据和指标。在年度报告正式披露前，如果出现业绩信息提前泄露，或者因业绩传闻导致公司股票交易异常波动的，应按上述规定披露业绩快报。

由于业绩快报的准确性比较高，出现业绩大变脸或严重不达预期的概率要明显低于业绩预告，因此利用业绩快报公布后至年报公布的这一段时间间隔，选择业绩增长超出预期的公司，在年报公布之前埋伏，等年报利好兑现的时候卖出，是一个很好的操作策略。

业绩预告是对业绩的预测，有可能会有些许的偏差，为会计师事务所审计之前的业绩；业绩快报为确定的业绩，为会计师事务所审计确认之后的业绩，因此业绩预告会在业绩快报之前公布，越早公布就越有利于投资者提前埋伏，时效性、及时性就越好。

7.3　临时公告

临时公告指的是在公司定期报告之外临时发布的报告，由于公司发生了重大事件，而必须要及时地告知投资者。

7.3.1　哪些事项需要临时公告

根据我国《证券法》规定，凡发生可能对上市公司证券交易价格产生较大影响的重大事件，投资者尚未得知时，上市公司应当立即提出临时公告，披露事件内容，说明事件的起因、目前的状态和可能产生的影响。

重大事件包括：公司的经营方针和经营范围的重大变化；公司的重大投资行为和重大的购置财产的决定；公司订立重要合同，可能对公司的资产、负债、权益和经营成果产生重要影响；公司发生重大债务和未能清偿到期重大债务的违约情况，或者发生大额赔偿责任；公司发生重大亏损或者重大损失；公司生产经营的外部条件发生重大变化；公司的董事、1/3 以上监事或者经理发生变动；董事长或者经理无法履行职责；持有公司 5%以上股份的股东或者实际控制人，其持有股份或者控制公司的情况发生较大变化；公司减资、合并、分立、解散及申请破产的决定，或者依法进入破产程序，被责令关闭；涉及公司的重大诉讼、仲裁，股东大会、董事会决议被依法撤销或者宣告无效；公司涉嫌违法违规被有权机关调查，或者受到刑事处罚、重大行政处罚；公司董事、监事、高级管理人员涉嫌违法违纪被有权机关调查或者采取强制措施；新公布的法律、法规、规章、行业政策可能对公司产生重大影响；董事会就发行新股或者其他再融资方案、股权激励方案形成相关决议；法院裁决禁止控股股东转让其所持股份；任一股东所持公司 5%以上股份被质押、冻结、司法拍卖、托管、设定信托或者被依法限制表决权；主要资产被查封、扣押、冻结或者被抵押、质押；主要或者全部业务陷入停顿状态；对外提供重大担保；获得大额政府补贴等可能对公司资产、负债、权益或者经营成果产生重大影响的额外收益；变更会计政策、会计估计；因前期已披露的信息存在差错、未按规定披露或者虚假记

载，被有关机关责令改正或者经董事会决定进行更正；中国证监会规定的其他
情形。

7.3.2　临时公告怎么用

临时公告的特点决定了它非常适合短线操作，而短线操作对一般投资者而
言并不容易，雄安新区带来的利好让受益股连续多日涨停而买不进去，而当你
能买进去的时候主力却开始出货，连续跌停，因此笔者认为除下文介绍的"黑
天鹅"事件可以有一些规律可循之外，其余的临时公告不管是利好还是利空，
均应尽可能多观望、少操作。

7.3.3　"黑天鹅"事件的应对方法

"黑天鹅"事件指的是突发的重大不利影响，比如"瘦肉精"事件对食品
行业的影响，2012 年塑化剂对白酒行业的打击，2015 年 1 月证监会突然清除
场外配资行为对券商行业的影响，每年"3.15"晚会被央视点名揭发存在重大
产品缺陷的公司等。针对"黑天鹅"事件，要冷静分析该重大不利影响是一时
的还是长久的，是摧残性的打击还是只是纠正一时错误，公司经营有风险，你
还不能允许公司犯一次错误？

如果经过分析之后认为"黑天鹅"事件对公司的影响是短暂的，公司可以
通过纠正错误、优化产品、提高服务来克服它，那么"黑天鹅"事件就是一种
机会，危中有机，可以在大幅下挫之后企稳时介入，往往会有不错的收益。

2015 年 2 月 27 日，江苏省公安厅发文称，该省公安系统所使用的海康威
视监控设备存在严重的安全隐患。作为国内视频监控龙头企业，海康威视向全
国多省市的公安部门提供产品和服务，借助安防产业的高度景气，过去 10 年
间，海康威视业绩增加了 20 多倍。

江苏省公安厅的文件曝光后，外界一度认为，产品安全性受到质疑的海康
威视，面临着严重的危机。有券商甚至称，该事件的影响"超乎想象"。最后
的结果却有些"打脸"，剧情在两天内就出现了大翻转。

　　2 月 28 日，海康威视回应称，江苏省公安厅所称的"安全隐患"，只不过是江苏省公安系统没有修改设备的初始密码，因设备弱口令问题被黑客攻击，这些弱口令包括"123456""888888"等初始密码和简单密码，公司产品本身并不存在问题。

　　海康威视称，所有暴露在互联网环境下的设备都会面临黑客攻击的风险，早在 2014 年 3 月，公司就已经在官网上提醒用户修改初始密码——"未修改初始密码，有可能导致恶意登录""请用户立即修改设备出厂默认密码""不修改初始密码的话，确实存在被攻击的可能"。海康威视在其官网上再次发布《致用户书》称，公司已"第一时间与江苏省公安厅沟通"，并且组织了技术团队，帮助江苏省各地市进行口令修改等。

　　该高管进一步指出，其实这件事情对安防行业是一个促进，以后在视频数据传输这块可能会加大开发力度。从短期来看，这个事件可能对安防行业、对海康威视会有影响；但是从长期来讲，如果像安防企业这样多在这个方面加大研究，对整个行业，尤其是上升到高清 2.0 时代后，肯定是大有好处的。

　　海康威视在这次"黑天鹅"事件之后的股价走势如图 7-1 所示，我们可以看到，该"黑天鹅"事件完全没有影响海康威视的长期走势，由于业绩持续增长，海康威视股价也迭创新高，"黑天鹅"事件所砸出来的坑，反而是一个很好的买点。

图 7-1　2015 年"黑天鹅"事之后海康威视股价走势月 K 线图（前复权）

7.4 案例：利用业绩预告埋伏绩优股

年度业绩预告会在正式的年度财务报告公布前发布，根据业绩预告筛选出业绩优秀的公司并及时埋伏，等待正式年报公布或其他利好发布时股价会有可观的上涨，下面以科大智能（300222）2016 年度业绩预告为例，来说明业绩预告是如何帮助我们做出选择的。

7.4.1 科大智能 2016 年度业绩预告主要内容

2017 年 1 月 24 日，科大智能（300222）在巨潮资讯网（http://www.cninfo.com.cn/）上刊登了 2016 年度业绩预告，预告的内容主要有两项。

- 一是对 2016 年度业绩进行了预测："本报告期实现归属于上市公司股东的净利润 25971～28705 万元，比上年同期上升 90%～110%，上年同期为 13669 万元。"

- 二是对业绩变动的原因进行了说明：

1. 本报告期，公司主营业务收入较上年同期实现了大幅增长。

2. 公司 2015 年实施了重大资产重组项目，并购了上海冠致工业自动化有限公司和华晓精密工业（苏州）有限公司，相关资产过户和股份登记手续已全部完成，根据有关合并报表的相关规定，公司 2016 年度业绩合并上海冠致工业自动化有限公司和华晓精密工业（苏州）有限公司 2016 年 5 月至 12 月的业绩利润，对公司 2016 年度的经营业绩产生较大影响。

3. 本报告期，非经常性损益（扣除所得税影响数）对归属于上市公司股东的净利润的贡献金额预计为 2 836 万元，主要是在报告期内收到的银行理财收益和政府补助收入。上年同期非经常性损益（扣除所得税影响数）归属于上市公司股东的净利润的贡献金额为 1 419 万元。"

7.4.2 科大智能 2016 年度业绩预告分析

简短的业绩预告，我们能从中读出哪些有效信息呢？

首先 2016 年度业绩大增接近 100%，对任何一个上市公司来讲，净利润翻倍都是一个极好的信号，意味着理论上在市盈率不变的前提下，可以支撑股价翻倍。业绩亮眼是我们进一步深入分析的前提，既然有业绩更好的公司，那么为什么还要在业绩差的公司上面花费时间呢？因为资金、精力有限，选股票就是要优中择优！

你可能会有疑虑，只有一年的业绩增长，万一只是昙花一现怎么办？这时我们需要拿出前一期或前几期的历史数据进行对比分析，将 2013—2016 年公司连续四年的业绩整理如图 7-2 所示。

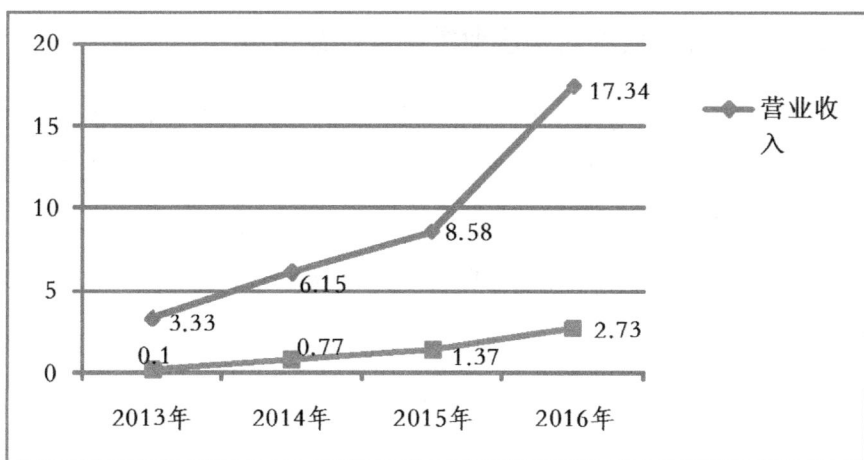

图 7-2　科大智能 2013—2016 年营业收入与净利润增长曲线（单位：亿元）

数据来源：根据巨潮资讯网科大智能 2013—2015 年年报与 2016 年业绩预告、业绩快报整理。

从图 7-2 可以看出，2013—2016 年公司营业收入呈现稳定且大幅增长，并在 2016 年迎来爆发式增长拐点，与 2015 年相比增长了 102%；净利润也呈现快速、稳步增长，2016 年同比增长 99%。

接下来我们要重点分析业绩大增的原因——是因为前期基数太低，还是因为本期业绩确实实现了爆发性突破？爆发性增长的原因是来自主营业务还是来自利得？

继续看业绩预告的"业绩变动原因说明"部分，从中我们可以分析出，2016年公司业绩增长的主要原因是"收购并表"，将子公司利润表纳入公司合并利润表导致业绩大增，这是一种有益的、可持续的增长，属于业务拓展范畴，表明公司投资规模不断扩大，在资本市场积极开疆扩土，展示出良好的发展前景，属于主营业务活动带来的现金流增长，而非利得；预告中也进一步阐述，非经常性损益只有 0.28 亿元，仅占净利润的 1.6%，这表明公司业绩不依赖于政府补助、金融投资等不确定事项，而是依赖于辛勤耕耘的主营业务，表明公司主业比较可靠，值得投资。

7.4.3　科大智能股价对年度业绩预告的反应

事实上，股价也对业绩预告信息做出了积极的反应，公布业绩预告的 2017年 1 月 24 日当日，科大智能收盘价为 19.6 元，之后便一直保持持续上涨的态势，并在 2017 年两会首次将人工智能纳入政府工作报告的利好刺激下加速上扬，截至 2017 年 3 月 15 日已涨至收盘价 27.99 元，涨幅达 42.8%（如图 7-3所示）。

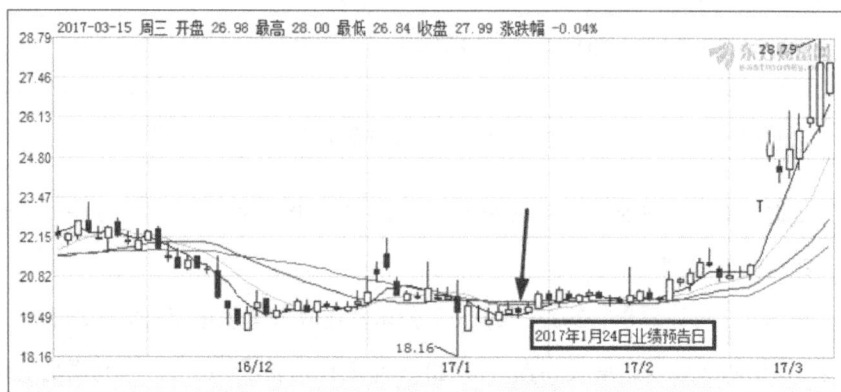

图 7-3　科大智能日 K 线图（截至 2017 年 3 月 15 日）

图片来源：根据东方财富网科大智能日 K 线图整理。

这种既有优良业绩，又处于政策风口的好股票，就是最值得长期持有的优良标的，而年度业绩预告为我们提供了一个很好的买入判断依据。

　　最后需要提醒的是，根据业绩预告、业绩快报等有用信息进行初步筛选，判断出值得关注的公司，至于最终要不要买入，以及在什么时间点买入，如果能结合本书前面章节中关于年报内容的分析进行综合判断，就能进一步提高投资的成功率；"冰冻三尺，非一日之寒"，研究得越充分，有越多的证据证明我们的结论，我们的投资就越可靠。